Maike Reese | Sarah Stüber
Der Wertschätzende Qualitätsdialog

Kitaleitung

Das Berufsbild der Krippen- bzw. Kindergartenleitung verändert sich seit einigen Jahren zunehmend – von der reinen Verwaltung hin zum Organisationsmanagement. Dennoch widmet sich die Erzieher_innenausbildung, stellenweise auch der Studiengang „Kindheitspädagogik", diesem Umbruch noch recht verhalten.
Die Reihe „Kitaleitung" möchte Kitaleitungen und Erzieher_innen, die diese Perspektive für sich sehen, dabei helfen, den Spagat zwischen Praxis und Wissenschaft zu schaffen. Für die Reihe schreiben primär Expert_innen, die bereits sowohl praktisch, als auch theoretisch Erfahrungen im Kita(leitungs-)Bereich gesammelt haben und es schaffen, wissenschaftliche Erkenntnisse verständlich formuliert in den Kitaalltag zu tragen. Dies können Monografien, Hand- und Lehrbücher sowie Sammelbände sein.

Maike Reese | Sarah Stüber

Der Wertschätzende Qualitätsdialog

Ein Konzept für die partizipative Qualitätsentwicklung in der frühen Bildung

BELTZ JUVENTA

Die Autorinnen

Dr. Maike Reese ist freiberufliche Organisationsberaterin mit den Schwerpunkten Bildung und Non-Profit. Nach dem Studium der Erziehungswissenschaften promovierte sie zum Thema »Qualitätsmanagement in Schulen«. Sie leitet Seminare, berät Führungskräfte bzw. Teams und ist Autorin zahlreicher Artikel und Buchbeiträge rund um Qualitätsentwicklungsfragen.

Dr. Sarah Stüber ist Soziologin, Expertin für Social Entrepreneurship und hat als Beraterin viele Organisationen bei der Gründung und Entwicklung begleitet. Seit 2016 setzt sie sich als Geschäftsführerin von Kindermitte e.V. für Vielfalt in der Kindertagesbetreuung ein.

FSC www.fsc.org MIX Papier aus verantwortungsvollen Quellen FSC® C089473

Dieses Buch ist erhältlich als:
ISBN 978-3-7799-6320-2 Print
ISBN 978-3-7799-5620-4 E-Book (PDF)

1. Auflage 2021

in der Verlagsgruppe Beltz · Weinheim Basel
Werderstraße 10, 69469 Weinheim

Lektorat: Marion Y. Engmann, Kiel, NetLektorin.de
Herstellung: Ulrike Poppel
Satz: Helmut Rohde, Euskirchen
Druck und Bindung: Beltz Grafische Betriebe, Bad Langensalza
Printed in Germany

Weitere Informationen zu unseren Autor_innen und Titeln finden Sie unter: www.beltz.de

Inhalt

Vorwort

Der „Wertschätzende Qualitätsdialog“ ist für Kindertagesstätten (Kitas) und in Zusammenarbeit mit einem Kita-Verband entwickelt worden. Die Prinzipien von wertschätzender Erkundung und Veränderung durch Austausch gelten jedoch für jede Bildungsorganisation, sodass sich der Wertschätzende Qualitätsdialog mit kleinen Anpassungen erweitern und für andere Einrichtungen anwenden lässt.

Der Wertschätzende Qualitätsdialog unterstützt die Organisationsentwicklung aus dem Inneren der Organisation heraus, das bedeutet, er setzt bei den Menschen an, die in Kitas (oder anderen Bildungseinrichtungen) mitwirken. Die unmittelbar beteiligten Zielgruppen sind deshalb Kinder, Fachkräfte, Leitungen, Eltern und Träger. Dennoch soll nicht unberücksichtigt bleiben, dass Entscheiderinnen und Entscheider, die Rahmenbedingungen regulativer und finanzieller Natur setzen, einen erheblichen Einfluss auf die Qualität in der Kindertagesbetreuung haben. Letztlich geht es nicht nur um die Rolle von Behörden und Politik, sondern auch um die von Arbeitgebern und Gesamtgesellschaft, die sich der Frage stellen müssen, welcher Stellenwert den Bedürfnissen von Kindern zugebilligt wird im Zusammenspiel mit der Bereitstellung von Ressourcen und der zeitlichen Verfügbarkeit von Eltern. Es ist deshalb unser explizites Interesse, auch diejenigen Menschen anzusprechen, die nicht unmittelbar an Kitas beteiligt sind. Für sie kann der Wertschätzende Qualitätsdialog ein Denkanstoß sein über gesellschaftliche Relevanz der frühen Bildung nachzudenken.

Die Motivation, den Wertschätzenden Qualitätsdialog ins Leben zu rufen, liegt in unserer Überzeugung, dass Veränderung (Entwicklung) durch bedeutungsvolle Gespräche initiiert und auch motiviert wird. Wie der Praktiker und die Praktikerin wissen, entsteht die Entwicklung von Qualität nicht durch Festschreiben externer Standards und Kriterien, sondern dadurch, dass Menschen über ihr pädagogisches Handeln sprechen, es reflektieren und neue Verhaltensmöglichkeiten für sich entdecken.

Wir danken den Trägern und Kitas, die sich engagiert an der Entwicklung des Wertschätzenden Qualitätsdialogs beteiligt haben. Auf Initiative des gemeinsamen Dachverbands Kindermitte e.V. wurde das Verfahren aus der Praxis für die Praxis entwickelt. Vom ersten Entwurf an wurden die Elemente von Fachkräften erprobt und zur Diskussion im Kreis von Eltern und Expertinnen vorgelegt. Die Feedbacks konnten unmittelbar in die weitere Entwicklung einfließen. Die positive Resonanz und der von Jahr zu Jahr wachsende Kreis an teilnehmenden Kitas ermutigen uns immer wieder aufs Neue, diesen etwas ungewöhnlichen Weg der pädagogischen Qualitätsentwicklung weiterzugehen.

Wie Sie dieses Buch nutzen können

Unser Buch eignet sich als Handbuch, um den Wertschätzenden Qualitätsdialog praktisch anzuwenden. Gleichzeitig gibt es einen Einblick in Ansätze der Organisationsentwicklung und bietet Impulse für den Weg von Bildungseinrichtungen hin zu lernenden Organisationen.

- Im einführenden Kapitel 1 schildern wir, vor welchen Herausforderungen die frühe Bildung heute steht. Wir gehen der Frage nach, welche Antworten die Theorie der Organisationsentwicklung anbietet, und zeigen schließlich, weshalb es einen neuen, partizipativen Ansatz für die Qualitätsentwicklung in Kitas braucht.
- Die Kapitel 2 und 3 sind dann interessant, wenn Sie die Muße haben, sich etwas mehr in die Leitgedanken des Wertschätzenden Qualitätsdialogs und den theoretischen Hintergrund zu vertiefen.
- Wer den Wertschätzenden Qualitätsdialog sofort ausprobieren möchte, findet eine Beschreibung des Verfahrens und Hinweise zur Einführung des Konzepts in der eigenen Kita in den Kapiteln 4 und 5.
- Überall im Buch finden Sie Seiten mit Leerraum für eigene Notizen zu Reflexions- und Planungsfragen. Diese Fragen helfen Ihnen festzustellen, wo die Qualitätsentwicklung in Ihrer Einrichtung heute steht, und unterstützen Sie bei der Vorbereitung, den Wertschätzenden Qualitätsdialog einzuführen.

Zur besseren Übersicht führen Sie folgende Icons durch das Buch:

Hinführung zum Kapitelthema

Tipp

Weiterführende Informationen

Zusammenfassung

Raum für eigene Notizen

1. Der Wertschätzende Qualitätsdialog als neuer Ansatz der Qualitätsentwicklung

Worum es in diesem Kapitel geht:
- *Weshalb benötigen wir einen neuen Ansatz für Qualitätsentwicklung in der frühen Bildung?*
- *Was unterstützt das Lernen von Organisation und Personen?*
- *Welchen Anspruch hat der Wertschätzende Qualitätsdialog?*
- *Welche Effekte erleben wir im Bereich der Professionalisierung?*

Seit dem ausgeweiteten Rechtsanspruch auf einen Kitaplatz ist der Anspruch an die Qualität der Angebote gewachsen. Neben der Betreuung der Kinder während der Arbeitszeit ihrer Eltern kommt dem Bildungsauftrag mit passenden Angeboten für alle Kinder eine wachsende Bedeutung zu. Wie kann dies in der Fläche sichergestellt werden? Es geht heute um die erweiterten Bereiche Betreuung, Bildung und Förderung. Kitas sollen das gesellschaftliche Versprechen von Chancengerechtigkeit einlösen. Die Zergliederung in Angebote und Bildungseinheiten verliert aus dem Blick, worauf es in der frühkindlichen Bildung vor allem ankommt: Das ist die Beziehung, die Sicherheit bietet und dadurch Lernprozesse erst ermöglicht.

Durch den Fachkräftemangel sind die Teams ganz anders zusammengesetzt als früher. Multiprofessionelle Teams mit Quereinsteigerinnen und Quereinsteigern sind gang und gäbe. Dabei kommen die verschiedenen Mitarbeitenden nicht mehr unbedingt aus der gleichen Denkschule. So ist umso wichtiger, das gemeinsam zu reflektieren, Gespräche zu führen und immer wieder gemeinsam auszuhandeln, was der Qualitätsanspruch der Kita ist und wie er gewährleistet werden kann.

Gleichzeitig verändert sich die Welt in einem noch nie da gewesenen Tempo. Wir bereiten Kinder auf eine Zukunft vor, die wir uns heute noch gar nicht vorstellen können. Da wir die Herausforderungen der Zukunft heute noch nicht kennen, können wir auch keine Standards für gute pädagogische Qualität starr festschreiben. Das Aufstellen und Niederschreiben von Qualitätskriterien kommt der Entwicklung der Anforderungen an Kitas nicht mehr hinterher. Die Veränderungen geschehen so schnell, dass wir uns auf immer neue Bildungsansprüche der Gesellschaft einstellen müssen, die sie an die erste Bildungsinstitution hat, die Kinder besuchen. Das erreichen wir nicht, indem wir Ausbildungsstandards verändern, sondern nur durch agile transformationsfähige Organisationen, also lernfähige Organisationen, die Kitas für die Zukunft sein müssen. Kitas müssen sich an eine sich verändernde Umwelt anpassen und entwickeln sich kontinuierlich weiter. Sie müssen sich immer wieder neu auf die Lebenswelt der Kinder und ihrer Familien einstellen und sie auf ein Leben in der Welt von morgen vorbereiten. In diesem Sinne werden auch Kitas zu lernenden Organisationen, in denen Anforderungen von außen aufgenommen und von den Fachkräften im Alltag so umgesetzt werden, dass die gemeinsamen Ziele besser erreicht werden können. In der lernenden Kita werden Herausforderungen als gemeinsame Aufgabe und Chance zum Lernen verstanden.

Diese drei Entwicklungen machen deutlich, wie wichtig es ist, dass Kitas lernende Organisationen sind und dass sie einen Ansatz für Qualitätsentwicklung benötigen, der den Kulturwandel hin zu einer lernenden Organisation unterstützt. Die Beschäftigung mit Qualität selbst wird somit zur Organisationsentwicklung. Wir brauchen ein Verfahren, das Evaluation nicht als Legitimation nach außen nutzt, sondern einsetzt für die eigene Qualitätsentwicklung. Dafür brauchen wir einen Ansatz, in dem sich Fachkräfte als wirkmächtig erleben. Etwas, das sie in ihrem anforderungsreichen Alltag nicht als zusätzliche Belastung empfinden, sondern als sinnhaft und schon im Prozess nützlich: Mit der ersten Frage beginnt bereits die Intervention!

1.1 Die Kita als lernende Organisation

Die oben beschriebenen Prozesse der beständigen Anpassung einer Organisation erfolgen meist ungeplant, kaum vorhersehbar und sind insofern auch nicht unmittelbar steuerbar. Durch Organisationsentwicklung (OE) wird versucht, diese Prozesse zielgerichtet zu strukturieren. French und Bell beschreiben Organisationsentwicklung als „eine langfristige Bemühung, die Problemlösungs- und Erneuerungsprozesse in einer Organisation zu verbessern, vor allem durch eine wirksamere und auf Zusammenarbeit gegründete Steuerung der Organisationskultur" (French/Bell 1973, S. 15).

Organisationen werden von Individuen und Teams gestaltet. Ganz wesentlich ist deshalb die Zielrichtung der OE auf zwei Seiten: Einerseits ist sie nach außen auf die Umwelt gerichtet, von der die Organisation ihre Daseinsberechtigung und Legitimation erhält (System-Umwelt-Beziehung). Im Fall einer Kita wären hier Träger, Eltern und Gesellschaft zu nennen. Auf der anderen Seite ist die Zielsetzung der OE auf die „Binnenwelt" der Organisation gerichtet und orientiert sich an den Bedürfnissen der Mitarbeiterinnen und Mitarbeiter. Hier interessiert die Verbesserung der Arbeitssituation der Beteiligten durch erweiterte Entwicklungsmöglichkeiten, durch Handlungs- und Entscheidungsspielräume sowie durch die Mitwirkung an Entscheidungsprozessen. Das wesentliche Ziel der OE ist, eine möglichst hohe Übereinstimmung individueller und organisationaler Ziele zu erreichen, sodass beide Seiten einen Nutzen daraus ziehen (vgl. Argyris 1975).

Das Menschenbild der Organisationsentwicklung

Die Wurzel der OE liegt im Menschenbild und in den Annahmen der humanistischen Psychologie, wie sie in den 1960er-Jahren von Maslow, Rogers, Perls und Kolleginnen geprägt wurden. Das Menschenbild drückt sich auch aus in den folgenden Überlegungen zu der Beziehung zwischen Individuum, Gruppe und Organisation (vgl. French/Bell 1973, S. 65 ff.).

Annahmen über Personen als Individuen

Die meisten Menschen haben das Bedürfnis nach persönlicher Entwicklung. Sie streben danach, mehr von dem zu werden, was sie sein könnten. Außerdem haben die meisten Menschen das Bedürfnis nach mehr Verantwortung und ein echtes Interesse daran, einen größeren Beitrag zur Verwirklichung der Ziele einer Organisation zu leisten, als ihnen üblicherweise zugestanden wird.

Annahmen über Personen in Gruppen und Führung

Die wichtigste Bezugsgruppe ist für die meisten Menschen neben der Familie ihre „Arbeitsgruppe“. Das Funktionieren der Arbeitsbeziehungen hat große Bedeutung für Arbeitszufriedenheit und Kompetenzerleben von Mitarbeitenden. Sie möchten akzeptiert werden und haben Interesse an kooperativen Interaktionsstrukturen. Eine weitere Annahme ist, dass der formale Leiter einer Gruppe nicht alle Führungsfunktionen zu jeder Zeit und in allen Situationen ausüben kann, sodass die anderen Mitglieder durch kooperatives Verhalten zur Effizienz der Arbeitsgruppe beitragen können und müssen.

Annahmen über Personen in Organisationen

Da eine Organisation ein System ist, haben Änderungen in einem Teilsystem immer Auswirkungen auf andere Teilsysteme. Struktur und Prozesse der Organisation sollten auf die Bedürfnisse der einzelnen Personen und Arbeitsgruppen abgestimmt sein. Die OE greift das Bestreben des Einzelnen auf, sich selbst zu verwirklichen und einen Beitrag zur Verbesserung der Organisation zu leisten.

Die Art, wie dabei auftretende Interessenkonflikte akzeptiert und gelöst werden, ist ebenso entscheidend für den erfolgreichen Verlauf der Veränderungsprozesse wie das Ziel. Eine Dominanz der Berücksichtigung der Individualinteressen gegenüber den Organisationszielen wäre dem Interesse der

Wirksamkeit der Prozesse abträglich. Umgekehrt werden verordnete Veränderungen zur Optimierung der Prozesse von den Mitarbeiterinnen und Mitarbeitern nicht aufgenommen werden, wenn sie sich damit nicht identifizieren können oder diese gar ihren Interessen widersprechen. Argyris und Schön beschrieben bereits in den 1950er-Jahren als Ursache für ineffiziente, sich erschöpfende Organisationen die fehlende Kongruenz von individuellen Bedürfnissen und organisationalen Anforderungen (vgl. Argyris/Schön 1996).

Alle in Beratung und Praxis Tätigen der Gegenwart befassen sich deshalb sinnvollerweise immer auch mit Fragen der individuellen und der geteilten Haltungen. Der Wertschätzende Qualitätsdialog mit seinen Prozesselementen bietet für den zielgerichteten internen Qualitätsentwicklungsprozess genau diese Struktur und ermöglicht damit Partizipation, Austausch und Aushandlung auf Augenhöhe. Das Ziel ist die Initiierung von Lernprozessen sowohl auf individueller als auch auf organisationaler Ebene. Verlaufen sie kongruent auf beiden Ebenen, kann von Organisationslernen gesprochen werden.

Veränderungsprozesse als Lernprozesse verstehen

Mit dem Lernebenen-Modell vom Single-Loop- und Double-Loop-Lernen werden zwei unterschiedliche Weg von Lernprozessen in Organisationen entwickelt (siehe Abbildung 1). Single-Loop-Lernen wird als Anpassungslernen beschrieben mit dem Ziel der internen Optimierung. Gemeint sind die kleinen Veränderungen und Maßnahmen im Rahmen bestehender Strategien, die kurzfristig zum Funktionieren des Systems beitragen, jedoch die Grundfesten unberührt lassen. Double-Loop-Lernen bezeichnet dagegen den Prozess der Umweltanpassung durch Veränderungslernen. Es bedeutet das Hinterfragen und die Veränderung zentraler Wertvorstellungen, Haltungen und Handlungsmuster, also ein Umlernen für jedes Mitglied der Organisation. Erst auf dieser Ebene kann von Organisationslernen gesprochen werden. Dieser Prozess ist ebenso fruchtbar wie auch manchmal schmerzhaft, da es auch um das Aufgeben lieb gewonnener und Sicherheit gebender Gewohnheiten gehen kann. Double-Loop-Lernen kann als nachhaltiger Prozess höherer Ordnung beschrieben werden, der durch Single-Loop-Lernen vorbereitet und unterstützt wird. Häufig finden „Organisationsversteckspiele“ statt, wie Argyris (1996) es nennt, wenn Fehler vertuscht werden und kurzfristige Schadensbegrenzung dominiert. Aufgabe von Mitarbeitenden in der Organisationsentwicklung und von Leitungskräften wäre es, diese aufzuzeigen und eine veränderte Fehlerkultur anzuregen.

Eine weitere Ebene ist das Deutero-Lernen, das sich der Metaebene des Lernens zuwendet und den Entwicklungsprozess einer Organisation unterstützen kann. Es handelt sich um die Ebene reflektierten Lernens. Das Wissen über Lernprozesse erhöht die Handlungskompetenz der aktiven Steuerung von Veränderungslernen, wodurch Anpassungsfähigkeit und -geschwindigkeit erhöht werden. Im Idealfall ergänzen sich die drei beschriebenen Ebenen.

Abbildung 1: Lernebenen-Modell

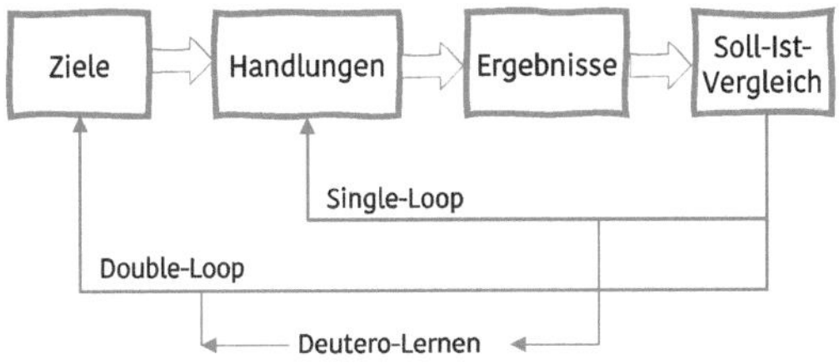

(vgl. Argyris/Schön 1996)

Ziel der Organisationsentwicklung ist der Ausbau organisationaler Kompetenzen

Das Ziel von Organisationslernen ist jedoch mehr als die Anhäufung von Wissen, es geht um die Weiterentwicklung der Kompetenzen. In einer Studie von Schreyögg und Kliesch (2003) wird ein Rahmenkonzept zum Kompetenzverständnis aufgezeigt. Hier werden als Kompetenzen „sämtliche individuellen Ressourcen verstanden, die genutzt werden, um unterschiedlichsten Anforderungen zu begegnen, um prozessuales oder deklaratives Wissen zu akquirieren und erfolgreich handeln zu können“ (Weinert 2001, zit. nach Schreyögg/Kliesch 2003, S. 8).

Rahmenbedingungen für die Entwicklung organisationaler Kompetenz

„Wissen und Information ist die Grundlage aller sinnvollen ökonomischen Entscheidungen und Handlungen […]“ (Wittmann 1972, S. 2261, zit. nach Schreyögg/Kliesch 2003). Die betriebswirtschaftliche Forschung hat sich unter dem Label „Wissensmanagement“ Fragen der Klassifizierung, Generierung, Weiterentwicklung, Speicherung und Bewertung der wichtigen Ressource Wissen zugewandt. Die Bemühungen erstrecken sich sowohl auf die individuelle als auch auf die kollektive Ebene.

Neben dem relativ engen Konzept von Wissen bildet Können den zweiten relevanten Bestandteil organisationaler Kompetenz. Verstanden wird darunter das Vermögen von Individuen und Organisationen, Probleme zu lösen.

Eine weitere wichtige Voraussetzung organisationaler Kompetenz ist die dritte Ressource, der Bestand und das Potenzial von individuellen oder kollektiven Beziehungen und Beziehungsnetzen. Beziehungen vereinfachen auf der individuellen sowie organisationalen Ebene den Zugang zu (wertvollen) Informationen und können so zu Wettbewerbsvorteilen beitragen.

Als weitere Voraussetzung organisationaler Kompetenz werden die affektiven Prozesse in einer Organisation aufgeführt. Affektive Prozesse bezeichnen in erster Linie Emotionen, zum Beispiel Gefühle wie Angst, Kummer, Enthusiasmus oder Hoffnung (vgl. Barbalet 1996 nach Schreyögg/Kliesch 2003). Im Zusammenhang mit organisationaler Kompetenz ist die Frage bedeutsam, wie effektiv eine Organisation mit Emotionen umgehen kann.

Die Mitglieder bestimmen das Lernen der Organisation

Organisationen entwickeln sich, wenn ihre Mitglieder sich entwickeln. Ausgehend von den Grundannahmen der humanistischen Psychologie kann vorausgesetzt werden, dass die meisten Menschen das Bedürfnis zur Entwicklung ihrer selbst haben und an der Gestaltung ihrer Lebens- und Arbeitsumwelt mitwirken möchten. Die Herausforderung besteht in der Koordination und Steuerung der Prozesse. Organisationsentwicklung berücksichtigt sowohl die Individualinteressen als auch das Wechselspiel zwischen personaler und organisationaler Entwicklung. Im Kern geht es dabei um den Erwerb von Wissen und den Ausbau organisationaler Kompetenzen.

Bei der Gestaltung von Entwicklungsprozessen ist deshalb gleichermaßen auf Strukturierung, Beteiligung aller Betroffenen und auf zielgerichtetes Vorgehen zu achten.

- Ist meine Kita (oder andere Einrichtung der frühen Bildung) eine lernende Organisation?
- Wie fehlerfreundlich ist unsere Kultur?
- Was braucht es, damit jede und jeder sich bei uns weiterentwickeln und über sich hinauswachsen kann?

1.2 Der Anspruch des Wertschätzenden Qualitätsdialogs

Im folgenden Abschnitt werden die Leitlinien und Grundideen des Wertschätzenden Qualitätsdialogs beschrieben.

1.2.1 Wertschätzung

Wertschätzung bedeutet, die Stärken einer Organisation und ihrer Mitglieder zu sehen und anzuerkennen, was bereits vorhanden ist. Wertschätzung bedeutet nicht, das Negative auszublenden oder zu negieren, dass Probleme existieren. Vielmehr geht es darum, den Fokus auf die Dinge zu legen, die funktionieren, und auf die Dinge, die noch besser laufen könnten (vgl. Stavros/Torres 2018). Eine wertschätzende Herangehensweise führt dazu, dass wir unsere Aufmerksamkeit und unsere Handlungen darauf lenken, was wir verstärken und erreichen wollen.

Ziel ist es, einen positiven *Shift* (= Wandel) in der Betrachtung von Situationen zu erreichen, positive Bilder im Kopf der am Dialog Beteiligten entstehen zu lassen. Am Beispiel der Garderobensituation lässt sich das gut darstellen. Wenn ich diese vom Problem her beschreibe, klingt es so: „Unsere Garderobensituation ist eng, laut und wühlig, die Kinder sind unruhig, den Eltern gelingt die Verabschiedung nicht gut, und uns fällt es schwer, den Überblick zu behalten." Bei jedem Kenner dieser Situation setzt diese Beschreibung unmittelbar ein sehr lebendiges Bild im Kopf frei. Ich kann mir durcheinanderpurzelnde Gummistiefel vorstellen, die Gesichter der gestressten Eltern, die die Hausschuhe nicht finden können und ins Schwitzen kommen, weil sie schon wieder zu spät zum Meeting bei der Arbeit kommen, wenn jetzt nicht bald der verflixte linke Hausschuh … und ich höre förmlich das Stimmengewirr, das sich immer weiter steigert, weil jede und jeder versucht, sich Gehör zu verschaffen. Solche Bilder sind stark und so eindrücklich, dass sie schon beim Erzählen darüber ein Gefühl von Stress und Ohnmacht auslösen. Wenn ich die gleiche Situation jedoch aus einer wertschätzenden Perspektive betrachte, dann lenke ich den Fokus auf die Augenblicke, in der die Garderobensituation so verläuft, wie ich es mir wünsche. Zum Beispiel: „Einmal hatten wir eine angenehme Ankommenssituation in der Garderobe, das war überraschend, und es sah folgendermaßen aus …" Nun sehe ich einen entspannten Elternteil vor mir, der die wenigen Eins-zu-eins-Augenblicke mit dem eigenen Kind genießt, bevor der Trubel des Alltags beginnt, dazu eine Fachkraft, die die Suche nach dem Hausschuh als Sprachanlass mit dem Kind nutzt. Bei wertschätzender Erkundung wird immer deutlich, dass es auch sehr viel Gelingendes und die erfolgreiche Arbeit gibt.

Das Ziel von Wertschätzung in der Organisationsentwicklung ist es, mit solchen positiven Bildern bewusst zu machen, dass die Situation anders sein kann, und „Anker" zu setzen. Solche Anker sind die positiven Erfahrungen, die wir als Organisation gemacht haben, die uns gezeigt haben, wie es ist, wenn wir unseren erwünschten Zustand erreicht haben.

Wertschätzung als Beitrag für gute und kollegiale Arbeitsbeziehungen

Der Mensch als soziales Wesen hat ein fundamentales Bedürfnis dazuzugehören und sich in sicherer und wohlmeinender Bindung zu erleben. Dies gilt nicht nur für Partnerschaften, sondern ebenso für unsere Freundschaften und Arbeitsbeziehungen. Die Qualität unserer Beziehungen hat einen erheblichen Einfluss auf unser Wohlbefinden und auch auf unsere gemeinsamen Möglichkeiten hinsichtlich unserer Ziele.

Aus der Beziehungsforschung ist bekannt, dass wir emotional sehr viel stärker auf negative Äußerungen und Kritik reagieren als auf positive Äußerungen, Zuwendung und unterstützende Kommunikation. Die Gottman-Konstante weist das ideale Verhältnis von positiver zu negativer Interaktion in stabilen Partnerschaften mit 5:1 aus. Das heißt, dass jede Kritik oder Zurückweisung mit idealerweise fünf positiven Botschaften wieder ausgeglichen werden muss, um die Bindung wieder zu stabilisieren (vgl. Gottman 2014). Die positiven Interaktionen sind quasi eine dauerhafte Investition in das allseitig funktionierende Beziehungsgefüge, das den Partnern das sichere Gefühl der Dazugehörigkeit gibt und damit den Rahmen für das „Aufblühen" jedes und jeder Einzelnen. Eine gute Basis auch für das Miteinander und die gemeinsame pädagogische Arbeit im Team.

Die gute Botschaft dazu: Es startet mit uns. Wir müssen nicht darauf warten, dass jemand anderes etwas tut oder die großen Verhältnisse sich ändern. Jede Form der Wertschätzung, des Zuhörens, der Anerkennung, des Wahrnehmens der anderen ist ein Beitrag zu einer stärkenden Arbeitsumgebung, ein Beitrag zu Qualität im besten Sinne.

Der Wertschätzende Qualitätsdialog unterstützt Teams und Individuen, in kleinen (Lern-)Schritten voranzukommen, statt auf übergeordnete strukturelle Änderungen zu warten. Nicht zuletzt wird eine von Wertschätzung geprägte Kommunikationskultur auch im Umgang mit den Kindern nur positive Wirkung haben und ihnen ein gutes „Sprachvorbild" sein.

1.2.2 Qualität

> Auf der Didacta 2018 sagte Dr. Christa Preissing, Direktorin des Berliner Kita-Instituts für Qualitätsentwicklung (BeKi): „Fachkräfte produzieren täglich, was Qualität ist, und daher sollen sie auch mitbestimmen, wie Qualität definiert wird – zusammen mit Trägern, Eltern und Kindern. Das ist gleichwürdig mit Erkenntnissen aus der Wissenschaft."

Qualität erscheint in Kitas manchmal als ein abstrakter Begriff, ist aber doch die sehr konkrete Frage danach, wie gut es den Kindern in der Kita geht und wie ihre Entwicklung unterstützt wird. Im Wertschätzenden Qualitätsdialog wird die Definition von Qualität nicht durch das Verfahren vorgegeben, sondern von den Beteiligten im Dialog gemeinsam entwickelt. Die Frage danach, was Qualität ist, was also für Kinder und für die Fachkräfte eine gute Kita ist, wird gemeinsam ausgehandelt und nicht extern definiert. Denn sobald festgeschrieben ist, was Qualität ist, welcher Standard als gut oder exzellent bezeichnet wird, ist auch festgelegt, ab wann die Organisation sich nicht mehr weiterzuentwickeln braucht, weil dieser Standard erreicht ist. Eine solche Festlegung steht aber im Widerspruch zur lernenden Organisation. Der Anspruch des Wertschätzenden Qualitätsdialogs ist, nicht stehen zu bleiben, sondern Neues zu entdecken, immer ausgehend vom individuellen Stand und vom Profil der Kita, und die jeweils nächsten Entwicklungsschritte für die jeweilige Einrichtung zu gehen.

Qualität auch aus Kindersicht betrachten

Die Bildungsbereiche und vor allem die Bedürfnisse der Kinder in Kitas sind enorm vielfältig und verändern sich in den Jahren von null bis sechs in kleinen und großen Schritten. Es ist kaum vorstellbar, dass eine Fachkraft allein in jedem relevanten Bereich fachlich ständig auf dem neuesten Stand ist. Umso wichtiger ist es, dass für die Betrachtung von Qualität viele Stimmen zusammenkommen, unterschiedliche Schwerpunkte eingebracht werden und Impulse von außen in die Kita getragen werden.

Der Wertschätzende Qualitätsdialog bezieht – wo immer möglich – die Perspektive der Kinder mit ein und gibt den Teams Verfahrenselemente an die Hand, die die Partizipation einzelner Kinder und auch ganzer Gruppen ermöglichen. Die von den Kindern – sozusagen aus Kundensicht – gewonnenen Eindrücke und Erkenntnisse zur Qualität fließen ein in die gemeinsame Weiterentwicklung.

Nentwig-Gesemann et al. (2017) haben Methoden entwickelt, mit denen Kinder aus ihrer Sicht mitteilen können, was Qualität bedeutet. Es stehen Praxismaterialien zur Verfügung, um die Qualität aus der Perspektive der Kinder zu erforschen (Bertelsmann 2020).

In einer lernenden, das heißt sich kontinuierlich weiterentwickelnden, Organisation macht es Sinn, Qualität nicht durch externe Standards festzuschreiben, sondern die Beschreibung von Qualität immer wieder zum Gesprächsthema zu machen. Diese offene Qualitätsdefinition ist hochanspruchsvoll, da man in jedem Fall etwas finden wird, womit die pädagogische Praxis noch besser werden kann, als sie bereits ist. Der Anspruch an Qualität führt damit zum Anspruch der Exzellenz.

1.2.3 Dialog

Im Dialog geht es – im Gegensatz zur Diskussion oder Debatte – um die gemeinsame Öffnung für neue Perspektiven und um die Entwicklung von etwas Neuem. *Er ist somit eine angemessene Form der Auseinandersetzung in komplexen Prozessen.* Er verzichtet auf Eindeutigkeiten, auf einfache kausale Erklärungen mit eindeutigem Zusammenhang von Ursache und Wirkung für soziale Phänomene und verzichtet auf Schuldzuschreibungen. Der Dialog ist ein komplexer Kommunikations- und Verständigungsprozess, der Offenheit und die Bereitschaft des Zuhörens voraussetzt. Dies meint deutlich mehr, als nur das Gegenüber höflich ausreden zu lassen, um dann seine eigenen Überzeugungen zum Besten zu geben. Die bekannteste ideengeschichtliche Quelle für Dialog ist sicher der von Platon überlieferte *Sokratische Dialog.* Ihm sei es um die Irritation und die Anregung des präzisen Denkens gegangen. Durch Fragen geleitet und einen konsequenten Fokus auf das gerade aktuelle Thema kann der Denkende seine Gedanken entfalten (Mäeutik oder „Hebammenkunst“): „Dem Denkenden wird etwas entlockt, womit er längst schwanger (egkymon) geht. Es knüpft an Erinnerungen und Erfahrungen an und verhilft zur Versprachlichung der Denk- und Verstehensprozesse“ (Krause/Rätz 2009, S. 10). Der Dialog habe bei Sokrates eine ordnende Struktur gehabt und diente der Erkenntnisgewinnung im gemeinschaftlichen öffentlichen Raum.

Ein weiterer bekannter Vertreter des dialogischen Prinzips ist der Theologe Martin Buber: Das Wesentliche des Dialogs sei nicht die sprachliche Kommunikation, sondern die anerkennende Zuwendung des Ich zum anderen (vgl. Buber 1997). Der Dialog entfaltet sich als Zwiegespräch (*dia* = zwei, *logos* = Wort, Sinn) und in echter Begegnung zweier Menschen, „die sich einander in Wahrheit zugewandt haben, sich rückhaltlos äußern und vom Scheinenwollen frei sind“ (Buber 1997, S. 295).

Veränderung beginnt mit dem ersten Gespräch

Veränderungsprozesse in Organisationen sind vor allem Kommunikationsprozesse. Erfolgreiche Veränderungen in Organisationen, die davon leben, dass sie von den Beteiligten mitgetragen werden, wie etwa die Unternehmenskultur oder die Förderung von Innovationen, basieren auf Gesprächen zwischen Einzelpersonen, in Teams oder in übergreifenden Organisationszusammenhängen (vgl. Stavros/Torres 2018). Wenn die Organisationsentwicklung als ein Prozess verstanden wird, der vor allem durch Dialog vorangebracht wird, dann bekommt die Art, wie wir Gespräche führen, eine besondere Wichtigkeit. In Abschnitt 3.3 wird beschrieben, wie die Anwendung von wertschätzender Erkundung *(Appreciative Inquiry)* als Methode dazu führt, dass aus Gesprächen ein entscheidendes Instrument für erfolgreiche Führung wird. Führungsverantwortung kommt dabei nicht nur denjenigen zu, die formal Führungskräfte sind, sondern allen, die am Dialog beteiligt sind.

Der Dialog stärkt Organisationen, weil dadurch Beziehungen gebildet und gestärkt werden oder, weiter gefasst, weil der Dialog selbst die Beziehung ausmacht.

Wertschätzende Erkundung (Appreciative Inquiry) *als Einladung zur Erforschung und Reflexion der eigenen Praxis*

Bei der wertschätzenden Erkundung sind alle Akteure direkt beteiligt und im Dialog. Die positiv orientierten Fragen führen zu einem wertschätzenden Blick auf die Vergangenheit und Gegenwart, weg von der Auflistung der mangelhaften Seiten (und damit raus aus dem Lamento). Es entsteht eine Kultur der Anerkennung, der Neugier und der Offenheit, des gemeinsamen Lernens.

Die Veränderung – und damit die Gestaltung der Zukunft – beginnt im Moment der ersten Frage: Zunächst bestimmt die Frage Gegenstand und Richtung der Gedanken sowie der Veränderungsmotivation. Positive Fragen führen zu positiver Veränderung. Des Weiteren ist das Reflektieren einer Frage auch ein erster Schritt der Veränderung, indem Erfahrungen, Meinungen und neue Lösungen direkt ausgetauscht werden. Es ist einfach und selbstverständlich, hier alle Mitarbeitenden mit unterschiedlichen Qualifikationen und Erfahrungen einzubinden (Prinzip der Ganzheitlichkeit).

Ein wertschätzender Ansatz stärkt das positive Selbstbild und zeigt Organisationen auf, was zu ihrem Gelingen beiträgt. Qualität ist individuell und immer wieder neu zu verhandeln. Dialog trägt zur Selbstreflexion und zur lebendigen Organisationsentwicklung bei.

2 Qualitätsentwicklung in der frühen Bildung

Worum es in diesem Kapitel geht

- *Was ist der Stand der Qualitätsdebatte in der frühen Bildung?*
- *Welche Kriterien beschreiben Qualität in der frühen Bildung*
- *Welche Anforderungen sind an ein anerkanntes Qualitätsverfahren nach TQM zu richten?*
- *Was ist der inhaltliche Bezugsrahmen? Welche Normen oder Vorgaben gibt es?*
- *Wie ist der „offene Rahmen" der Aspekte des Wertschätzenden Qualitätsdialogs zu verstehen?*

Nach einer inzwischen über zwanzig Jahre akademisch und politisch geführten Qualitätsdebatte im Bereich der frühen Bildung ist es an der Zeit, den Diskurs um die pädagogischen Ansprüche und Bildungsziele in die Kitas hinein zu holen. Die Qualitätsdebatte um pädagogische Qualität gehört in die Hände, Köpfe und Herzen der pädagogischen Fachkräfte. Das folgende Kapitel gibt den Stand der wissenschaftlichen Qualitätsdebatte für die Kindertagesbetreuung wieder. Damit schafft das Kapitel für die pädagogischen Fachkräfte ein Verständnis für die fachliche Orientierung.

Das vom Bundesministerium für Familie, Senioren, Frauen und Jugend (BMFSFJ) in Auftrag gegebene Gutachten „Perspektiven zur Weiterentwicklung des Systems der Tageseinrichtungen für Kinder in Deutschland" gibt einen guten Überblick über die veränderten Anforderungen an die Bildungs- und Erziehungsqualität. Vor dem Hintergrund verschiedener Studien sei die Modernisierung der Konzepte der frühkindlichen Förderung, Bildung und Erziehung geboten:

> „Während traditionelle Konzepte Bildung in einem individuumszentrierten Ansatz, unabhängig vom historischen und sozialen Kontext definieren, begreifen moderne Konzeptionen von Bildung Lernen als sozialen und interaktionalen Prozess: Lernen findet in der Regel in einer konkreten sozialen Situation und in Interaktion mit Eltern, Fachkräften und anderen Kindern und Erwachsenen statt" (BMFSFJ 2003, S. 8).

Es gehe dabei weniger um die Vermittlung von Wissen, sondern vielmehr um die Vermittlung von lernmethodischen Fähigkeiten („lernen zu lernen") und von Basiskompetenzen, die es dem Kind ermöglichen, im sozialen Kontext verantwortlich zu handeln.

Moderne Bildungspläne seien diesem Verständnis von Bildung verpflichtet. Sie zielten einerseits auf die Stärkung kindlicher Autonomie ab und gleichzeitig auf die Entwicklung der Fähigkeit zu sozialer Mitverantwortung. In den Bildungs- und Erziehungsplänen der Bundesländer ist nun konkret die Förderung zentraler kindlicher Basiskompetenzen und Ressourcen verankert:

- die Stärkung von Selbstwertgefühl, Selbstwirksamkeit und Selbstregulation,
- die Förderung von Neugier und Kreativität,
- die Entwicklung von Werten und Orientierungskompetenz (zum Beispiel Werthaltungen, Fähigkeit zu moralischer Urteilsbildung, Unvoreingenommenheit, Sensibilität und Achtung von Andersartigkeit und Anderssein, Solidarität),
- der Fähigkeit und Bereitschaft zur Verantwortungsübernahme (Verantwortung für das eigene Handeln, Verantwortung anderen Menschen gegenüber, Verantwortung für Umwelt und Natur),
- und zur demokratischen Teilhabe (Erwerb von Grundkenntnissen über Staat und Gesellschaft, Akzeptieren und Einhalten von Gesprächs- und Abstimmungsregeln, Einbringen und Überdenken des eigenen Standpunkts)

(vgl. BMFSFJ 2003).

Die Autoren der Studie kritisieren, dass in den letzten Jahren die Qualitätsdebatte primär von strukturellen Dimensionen dominiert wurde (Ausstattungsfragen, Personal). Sie empfehlen, bei der Konzeptualisierung von pädagogischer Qualität auf ein umfassendes Konzept von Qualität zurückzugreifen, in dem neben strukturellen und prozessualen Dimensionen von Qualität auch kontextuelle Aspekte berücksichtigt werden.

Auf Grundlage des Qualitätsmodells aus dem zwölften Kinder- und Jugendbericht (BMFSFJ 2005) entstand das umfassende Modell von Qualitätsdimensionen und ihren Wirkungszusammenhängen (siehe Abbildung 2). Viernickel et al. (2016) unterstreichen hier besonders noch die Dimension der Organisations- und Managementqualität, die ebenfalls großen Einfluss habe. Die Dimension der Orientierungsqualität in der Kindertagesbetreuung zeigt sich in der Transparenz der pädagogischen Arbeit, in den geteilten pädagogischen Vorstellungen und Werten der pädagogischen Fachkräfte, des Trägers und der Eltern sowie in der Klarheit und Differenziertheit pädagogischer Arbeitsweisen und Ziele. Zudem wird der Wirkungszusammenhang zwischen den Qualitäten innerhalb der Kita und dem familialen Umfeld unterstrichen. In empirischen Studien wird immer wieder der große Einfluss der Familie auf die Entwicklung der Kinder dokumentiert, was noch einmal die Sinnhaftigkeit einer guten Beziehung zwischen Kita und Familie oder auch die aktive Gestaltung einer im Sinne des Kindes förderlichen Bildungs- und Erziehungspartnerschaft unterstreicht.

> Ein Konzept der internen Qualitätssicherung und -entwicklung sollte immer alle Qualitätsdimensionen in den Blick nehmen und dabei die pädagogischen Prozesse ins Zentrum stellen.

Abbildung 2: Bildungserfolg

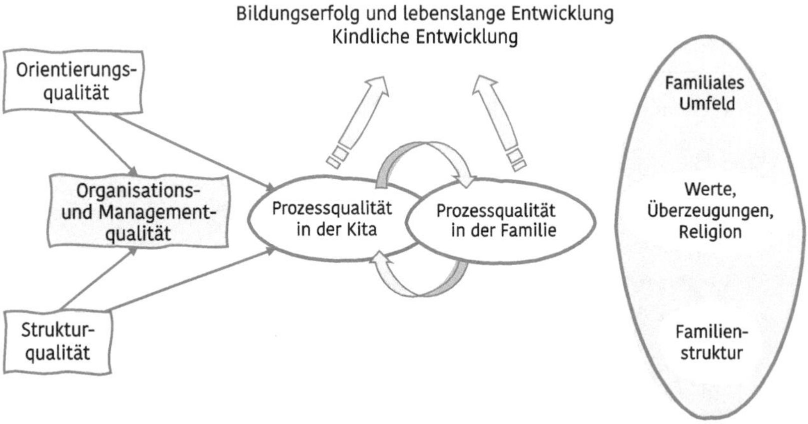

(Viernickel et al. 2016, S. 150)

2.1 Qualitätsstandards in der frühen Bildung

In diesem Abschnitt geht es um die Nationale Qualitätsinitiative zur Entwicklung des Nationalen Kriterienkatalogs und die darauf basierenden landesspezifischen Bildungspläne als Bezugsrahmen für die pädagogische Qualitätsentwicklung. Das BMFSFJ rief in Kooperation mit zehn Bundesländern sowie kommunalen und freien Trägern der Jugendhilfe im Jahr 1999 die Nationale Qualitätsinitiative im System der Tageseinrichtungen für Kinder (NQI) ins Leben. Die NQI hatte zum Ziel, pädagogische Qualität zu definieren und Verfahren zur Qualitätsentwicklung und -feststellung für die Arbeit in Tageseinrichtungen und Horten zu entwickeln. In fünf Teilprojekten wurden Qualitätskriterien für Kindertageseinrichtungen erstellt, geeignete Evaluationsverfahren entwickelt und in der Praxis mit rund 250 Kitas erprobt. In den Jahren 2000–2003 entstand so der Nationale Kriterienkatalog, an dem sich die Länder, Träger, Kitas und Fachkräfte nun orientieren.

Bildungsbereiche Nationaler Kriterienkatalog:

1. Emotionale Entwicklung
2. Entwicklung kognitiver Fähigkeiten und der Freude am Lernen
3. Körper – Bewegung – Gesundheit
4. Sprache und Sprechen
5. Lebenspraktische Kompetenzen
6. Mathematisches Grundverständnis
7. Ästhetische Bildung
8. Natur und Lebenswelt
9. Ethische und religiöse Fragen, Grunderfahrungen menschlicher Existenz

Gemeinsamer Rahmen der Länder und Bildungspläne

Der Bildungsauftrag für Kindertageseinrichtungen orientiert sich an diesem gemeinsamen Rahmen, der von den Jugend- und Kultusminister_innen diskutiert und verabschiedet wurde und die Basis für die jeweilige Konkretisierung in den Bildungsplänen bzw. -empfehlungen der Länder darstellt. In der Vorbemerkung zum Text heißt es:

> „Der folgende gemeinsame Rahmen über Bildungsziele trägt daher wesentlich zur Verwirklichung der Bildungs- und Lebenschancen der Kinder in den Tageseinrichtungen des Elementarbereichs bei. Aufgabe der Träger und Fachkräfte der Tageseinrichtungen ist es, die konkrete Bildungsarbeit zu gestalten. Dabei sind die Eltern – und auch die Kinder – angemessen einzubeziehen" (Kultusministerkonferenz 2004, S. 2).

Zwischen 2002 und 2006 haben alle Bundesländer Bildungspläne für den frühpädagogischen Bereich erarbeitet und veröffentlicht. In diesen Bildungsplänen der Länder ist beschrieben, auf Basis welchen Menschenbildes die frühpädagogischen Einrichtungen arbeiten und was Eltern wie Kinder in und von der Kita erwarten dürfen. Dies ist auch deshalb ein besonderer Fortschritt der Debatte, da es nun gelungen ist „zwischen der zur Beliebigkeit verkommenen Buntheit der Kindertagesbetreuung-West und der verordneten, durchgestalteten Belehrungspädagogik-Ost einen Mittelweg zu finden" (Diskowski 2015, S. 27). Ihr Wert für die Praxis besteht darin, dass sie den Fachkräften einer Kita einen umfassenden Rahmen für die gemeinsame Verständigung und Verortung bieten. Über geeignete pädagogische Wege und Prozesse der internen Qualitätssicherung erhält man hingegen keine Aussagen.

Bildungspläne sind kein Handbuch für Fachkräfte. Es ist ein grundlegendes Missverständnis, dass das Studium der Bildungspläne durch Fachkräfte dazu führen würde, dass sie wüssten, wie sie ihre pädagogische Arbeit gestalten. Die pädagogische Arbeit ist mehr als die Summe der Bildungsempfehlungen und ist vor allem keine Blaupause dafür, was wie zu tun ist. Die Funktion der Bildungspläne ist an sich darauf beschränkt aufzuzeigen, was Kitas ermöglicht werden muss (welche Zugänge, Materialien, Fachkompetenzen sie benötigen); in dieser Funktion sind sie auch wichtig!

- Welcher Bildungsplan gilt in unserem Bundesland?
- Welche Qualitätsstandards sind in unserem Team leitend?

2.2 Rechtliche Grundlagen

Die pädagogischen Ziele für Kitas sind nach dem § 22 KJHG wie folgt definiert: Kinder sollen im Rahmen der Betreuung in Tageseinrichtungen in ihrer Entwicklung zu einer eigenverantwortlichen und gemeinschaftsfähigen Persönlichkeit gefördert werden. Das Leistungsangebot und die Ziele der Einrichtung sollen sich pädagogisch und organisatorisch an den Bedürfnissen der Kinder und deren Familien orientieren.

SGB VIII, § 22 Grundsätze der Förderung (Auszug relevanter Passagen)
[...]
(2) Tageseinrichtungen für Kinder und Kindertagespflege sollen
1. die Entwicklung des Kindes zu einer eigenverantwortlichen und gemeinschaftsfähigen Persönlichkeit fördern,
2. die Erziehung und Bildung in der Familie unterstützen und ergänzen,
3. den Eltern dabei helfen, Erwerbstätigkeit und Kindererziehung besser miteinander vereinbaren zu können.

(3) Der Förderungsauftrag umfasst Erziehung, Bildung und Betreuung des Kindes und bezieht sich auf die soziale, emotionale, körperliche und geistige Entwicklung des Kindes. Er schließt die Vermittlung orientierender Werte und Regeln ein. Die Förderung soll sich am Alter und Entwicklungsstand, den sprachlichen und sonstigen Fähigkeiten, der Lebenssituation sowie den Interessen und Bedürfnissen des einzelnen Kindes orientieren und seine ethnische Herkunft berücksichtigen.
(4) Für die Erfüllung des Förderungsauftrags nach Absatz 3 sollen geeignete Maßnahmen zur Gewährleistung der Qualität der Förderung von Kindern in Tageseinrichtungen und in der Kindertagespflege weiterentwickelt werden. Das Nähere regelt das Landesrecht.

§ 22a Förderung in Tageseinrichtungen
(1) Die Träger der öffentlichen Jugendhilfe sollen die Qualität der Förderung in ihren Einrichtungen durch geeignete Maßnahmen sicherstellen und weiterentwickeln. Dazu gehören die Entwicklung und der Einsatz einer pädagogischen Konzeption als Grundlage für die Erfüllung des Förderungsauftrags sowie der Einsatz von Instrumenten und Verfahren zur Evaluation der Arbeit in den Einrichtungen.
(2) Die Träger der öffentlichen Jugendhilfe sollen sicherstellen, dass die Fachkräfte in ihren Einrichtungen zusammenarbeiten
1. mit den Erziehungsberechtigten und Tagespflegepersonen zum Wohl der Kinder und zur Sicherung der Kontinuität des Erziehungsprozesses,
2. mit anderen kinder- und familienbezogenen Institutionen und Initiativen im Gemeinwesen, insbesondere solchen der Familienbildung und -beratung,
3. mit den Schulen, um den Kindern einen guten Übergang in die Schule zu sichern und um die Arbeit mit Schulkindern in Horten und altersgemischten Gruppen zu unterstützen.

Die Erziehungsberechtigten sind an den Entscheidungen in wesentlichen Angelegenheiten der Erziehung, Bildung und Betreuung zu beteiligen.
(3) Das Angebot soll sich pädagogisch und organisatorisch an den Bedürfnissen der Kinder und ihrer Familien orientieren. [...]

(4) Kinder mit und ohne Behinderung sollen, sofern der Hilfebedarf dies zulässt, in Gruppen gemeinsam gefördert werden. Zu diesem Zweck sollen die Träger der öffentlichen Jugendhilfe mit den Trägern der Sozialhilfe bei der Planung, konzeptionellen Ausgestaltung und Finanzierung des Angebots zusammenarbeiten.

Zusätzlich ist in 79a SGB VIII („Qualitätsentwicklung in der Kinder- und Jugendhilfe") sind die Aufgaben des öffentlichen Trägers für die wie folgt geregelt:
(1) Um die Aufgaben der Kinder- und Jugendhilfe nach § 2 zu erfüllen, haben die Träger der öffentlichen Jugendhilfe Grundsätze und Maßstäbe für die Bewertung der Qualität sowie geeignete Maßnahmen zu ihrer Gewährleistung für

1. die Gewährung und Erbringung von Leistungen,
2. die Erfüllung anderer Aufgaben,
3. den Prozess der Gefährdungseinschätzung nach § 8a,
4. die Zusammenarbeit mit anderen Institutionen

weiterzuentwickeln, anzuwenden und regelmäßig zu überprüfen.
(2) Dazu zählen auch Qualitätsmerkmale für die Sicherung der Rechte von Kindern und Jugendlichen in Einrichtungen und ihren Schutz vor Gewalt. Die Träger der öffentlichen Jugendhilfe orientieren sich dabei an den fachlichen Empfehlungen der nach § 85 Absatz 2 zuständigen Behörden und an bereits angewandten Grundsätzen und Maßstäben für die Bewertung der Qualität sowie Maßnahmen zu ihrer Gewährleistung.
(BMFSFJ 2017)

Zudem fordert das SGB VIII, die Schaffung weiterführender gesetzlicher Grundlagen und Verordnungen (vgl. Bundesgesetzblatt 1998: 3567). Für den Kontext der Entwicklungsphase des Wertschätzenden Qualitätsdialogs waren die Regelungen des Landes Hamburg relevant. Im Hamburger Kinderbetreuungsgesetz (KibeG) steht in § 17 zur Qualitätsentwicklungsvereinbarung:

> „(1) In der Qualitätsentwicklungsvereinbarung ist festzulegen, wie die Träger die fachliche Qualität der Arbeit sichern und welche Maßnahmen getroffen werden, um sie regelmäßig zu überprüfen und kontinuierlich weiterzuentwickeln.
> (2) Sind bei dem Träger derartige Qualitätsentwicklungs- und -sicherungsverfahren vorhanden, wird davon ausgegangen, dass hierdurch eine ordnungsgemäße fachliche Leistungserbringung sichergestellt ist. In der Qualitätsentwicklungsvereinbarung ist für die Fälle, in denen begründete Anhaltspunkte dafür vorliegen, dass Träger die vereinbarten Qualitätsentwicklungs- und -sicherungsverfahren nicht ordnungsgemäß anwenden, eine Prüfung vorzusehen und zu regeln, wie das Prüfungsverfahren durchzuführen ist" (HmbGVBl. 2004: 216).

Generell ist festzustellen, dass der gesetzgebende Rahmen für Qualitätsentwicklung und Evaluation im Tätigkeitsfeld der Kitas sehr allgemein gehalten ist. An vielen Stellen steht geschrieben, dass die Qualität in den Einrichtungen sich weiterentwickeln soll. Was unter Qualität konkret zu verstehen ist, wird nicht näher definiert. Hauptsächlich wird durch den Anspruch des Vorhandenseins einer pädagogisch ausgerichteten Konzeption ein inhaltlicher Bezug zu den geforderten Qualitätsentwicklungsmaßnahmen hergestellt. Die Minimalanforderung ist, dass die Qualität regelmäßig und systematisch zu überprüfen ist. Hiermit haben Träger und Einrichtungen einen großen Spielraum für die Etablierung eines für die jeweilige Situation angemessenen Verfahrens der Qualitätsentwicklung. Dies bedeutet Chance und Herausforderung gleichermaßen.

- Welche Erfahrungen haben wir bisher mit dem Thema Qualitätsentwicklung?
- Welche Elemente der internen Qualitätssicherung wenden wir bereits an?
- Welche Routinen der Kommunikation über pädagogische Qualität sind bei uns im Team etabliert?

2.3 Qualitätsverfahren in der frühen Bildung

Es gibt sehr unterschiedliche Konzepte der Qualitätsentwicklung in Einrichtungen der frühen Bildung, die sich über die Zeit entwickelt haben. Auf die in der frühen Bildung vorkommenden Qualitätsverfahren wird hier nicht konkret eingegangen und auf das umfassende Lehrbuch zur Thematik von Amrein/Amrein (2011) verwiesen.[1]

Diese Auflistung erhebt keinen Anspruch auf Vollständigkeit und es liegen wegen des großen Ermessensspielraums der Träger, der ausdrücklich positiv zu bewerten ist, auch keine statistischen Daten vor zur Frage, welche Verfahren konkret eingesetzt werden. Es dürften nach unserer Einschätzung vor Ort entwickelte und für den Kontext passende Verfahren gegenüber fertigen Modellen überwiegen.

Die Unterschiede betreffen die Frage, ob und wie die unterschiedlichen Beteiligtengruppen einbezogen werden, welche Bedeutung den Werten, Normen und Haltungen beigemessen werden soll, wer die Qualitätskriterien festlegt und welche Rolle Experten und Expertinnen im gesamten Prozess haben. Zudem unterscheiden sich auch die Ziele: Geht es mehr um eine Statusfeststellung, Rechenschaftslegung oder um eine systematische Weiterentwicklung der pädagogischen Arbeit bzw. der gesamten Organisation. So lassen sich mindestens vier verschiedene Ansätze voneinander unterscheiden (vgl. Amrein/Amrein 2011, S. 33). Sie haben sich zwar chronologisch entwickelt, finden sich in der Praxis aber nie in Reinform.

1. *Der individualistische Zugang: „Qualität als persönliche Qualität"*
   Lange wurde die erzieherische Aufgabe der Fachkräfte ausschließlich als individuelle und persönliche Leistung verstanden. Eine gute Beziehung zum Kind stand sehr im Vordergrund. Aus heutiger Sicht wäre das Ausmaß der Individualität bei der Entwicklung von meist sehr vagen Zielvorstellungen, Verhaltensnormen und einem rein persönlich geleiteten pädagogischen Grundverständnis kritisch zu betrachten. Zudem waren Fachkräfte bei einem solchen Zugang auch sehr auf sich allein gestellt, Eltern und Kinder finden wenig Verbindlichkeit, manchmal sogar Willkür vor. Wo keine Ziele und keine Kohärenz vorhanden sind, kann man auch

---

1 Zum Beispiel die Kindergarten-Skala KES-R (Tietze 2001), K.I.E.L. (Krenz 2001), das PARITÄTISCHE Qualitätssystem PQ-Sys (www.der-paritaetische.de/fileadmin/user_upload/Service/Qualitaet-und-Management/doc/broschuere_pq-sys.pdf, Abfrage: 17.10.2020), Bundesrahmenhandbuch: Qualitätsmanagement für Evangelische Kindertagesstätten und Gütesiegel BETA (Diakonisches Institut für Qualitätsmanagement und Forschung, Flyer www.beta-diakonie.de/fileadmin/beta-diakonie/Flyer_2018_Final_11-2018.pdf, Abfrage: 17.10.2020)

kaum gemeinsam über die Wirkungen und Qualitäten der Arbeit sprechen. Insofern war die Frage nach einem gemeinsamen Qualitätsentwicklungskonzept hier auch noch nicht wirklich relevant.

2. *Der dialogisch-partizipative Zugang: „Qualität als Teamqualität"*
   Die Qualitätsfrage wird gemeinsam im Team gestellt und gemeinsam diskursiv und partizipatorisch ausgehandelt. Eine gemeinsame Haltung und Grundorientierung im pädagogischen Handeln ist das Ziel. Auch die Perspektive von Eltern und Kindern findet Berücksichtigung. Verbindliche Absprachen über einen Qualitätsanspruch und systematische Verfahren der Qualitätssicherung gibt es meist nicht.

3. *Der fachlich-normative Zugang: „Gleiche Qualitätsstandards für alle Kindergärten"*
   Er basiert auf einem wissenschaftlich gegründeten Modell pädagogischer Qualität. In Experten- bzw. Expertinnenkreisen wurden unter Beteiligung von Trägern, Praktikern und Praktikerinnen Kriterien und Standards definiert, die umfassend die Qualität der Bildungs-, Betreuungs- und Erziehungsprozesse abbilden und erhoben werden können. Die Normen, mit denen eine Kita sich der Qualitätsentwicklung zuwendet, sind damit von außen vorgegeben. Einerseits werden die Verfahren damit professioneller und sind am aktuellen Stand der Fachwissenschaften orientiert, der Blick auf die Qualität weitet sich, und durch die Kriterienkataloge liegt ein roter Faden zur Orientierung bei Bestandsaufnahmen vor. Andererseits kann damit eine Entkoppelung der Qualitätsprozesse vom pädagogischen Alltag verbunden sein. Die Fachkräfte erleben die extern formulierten Kriterien leicht als normativ und einengend. Oft gelingt die Verbindung mit der eigenen Arbeit nicht und die gründlich und umfassend erhobenen Daten führen nicht zum erhofften Qualitätsentwicklungsschub. Im Gegenteil, sie werden oft mit Desinteresse oder auch Abwehr gelesen und „zu den Qualitätsakten" gelegt.

4. *Der organisationale Zugang der DIND EN ISO 9000 ff.: „Qualität als kontinuierlicher Verbesserungsprozess"*
   Dieser Ansatz fand wegen der ganzheitlichen Perspektive, dem strukturierten Vorgehen und dem partizipativen Grundgedanken berechtigterweise auch im Dienstleistungs- und Bildungssektor Interesse. Auch die sehr anspruchsvolle Haltung der ständigen Verbesserung ist attraktiv. Da es keine eigenen Qualitätsrahmen oder Normen gibt, sind diese für den jeweiligen Kontext zu beschreiben. Daraus resultiert eine Schwäche des Ansatzes, die aber eher einen Umsetzungsmangel darstellt: Viele Bildungseinrichtungen haben bei der Arbeit nach DIN ES ISO 9000 und auf

dem Weg zur angestrebten Zertifizierung die Erfahrung gemacht, dass sie sehr viel Zeit investiert haben und gleichzeitig in der Befassung mit ihrem Kerngeschäft an der Oberfläche geblieben sind. Oft werden die zwar sinnvollen Prozessbeschreibungen so detailliert verfasst, dass die Fachkräfte in der Kleinteiligkeit viel Zeit und auch die Motivation verlieren, da die Effekte der Qualitätsarbeit zu lange auf sich warten lassen.
Auf diesen umfassenden Ansatz wird im folgenden Abschnitt genauer eingegangen.

Der Wertschätzende Qualitätsdialog verbindet die produktiven Grundgedanken aller vier hier beschriebenen Zugänge. Er interessiert sich 1. für die pädagogischen Haltungen, Erfahrungen und Ansprüche jeder Fachkraft und unterstützt 2. den Dialog zu diesen Fragen im Team. Durch die leitenden Interviewfragen geht es anspruchsvoll um mehr als nur „schön, dass wir einmal darüber geredet haben". Zum 3. fachlich-normativen Zugang bietet der Wertschätzende Qualitätsdialog mit den vier Aspekten zwar keinen detaillierten Kriterienkatalog mit Standards und Normen, wohl aber fokussieren sie die Grunddimensionen aller Bildungsprozesse. Schlussendlich und 4. liegt dem gesamten Prozess des Wertschätzenden Qualitätsdialogs ein Verständnis von kontinuierlicher Qualitätsentwicklung im Jahreskreis mit entsprechenden Strukturen und Verfahrensschritten zugrunde.

2.4 Exkurs: Zur Entwicklung der Qualitätskonzepte TQM und DIN ISO 9000

Das Total Quality Management (TQM) war in den 1980er-Jahren eine Weiterentwicklung der damals vorherrschenden, überwiegend auf statistischen Methoden basierenden Ansätze der Qualitätskontrolle und -sicherung und es war inspiriert durch Armand Feigenbaums Ansatz des Total Quality Control. Mit dem TQM entwickelte sich aus dem Qualitätsingenieurwesen der produzierenden Industrie das Qualitätsmanagement, das zunehmend auch auf die Dienstleistungsbranchen übertragbar wurde (vgl. Reese/Sommerhoff 2018, S. 21 ff.)

Im TQM, dem umfassenden Qualitätsmanagement, wird der kontinuierliche Prozess der Überprüfung und Verbesserung von Qualität der Organisation als Ganzes besonders betont, in dem ständigen Bestreben, bestmögliche Ergebnisse („excellence") zu erreichen. Ein Qualitätsmanagementsystem (QMS) umfasst „alle Tätigkeiten des Gesamtmanagements, die im Rahmen des QMS die Qualitätspolitik, die Ziele und Verantwortungen festlegen sowie diese durch Mittel wie Qualitätsplanung, -lenkung, -sicherung und -verbesserung zu verwirklichen" (DIN EN ISO 8402). Es findet ein Wechsel von der Qualitätssicherung hin zur Qualitätsentwicklung statt. Bezogen auf die von Donabedian eingeführten Ebenen von Qualität geht es um die Integration von Struktur-, Prozess- und Ergebnisqualität. In umfassenden Qualitätsmanagementsystemen (TQM) werden sowohl sehr differenziert die Ergebnisse als auch Prozesse und organisatorische Strukturen überprüft. Dabei nehmen sie die gesamte Organisation, umgebende Systemebenen und alle Beteiligten in den Blick.

Partizipation aller Beteiligten im TQM

Ein zentraler Aspekt ist in diesem Ansatz die Beteiligung der Mitarbeiterinnen und Mitarbeiter. Die üblichen QM-Instrumente liegen in Händen der Führung oder der dafür ausgewählten Qualitätsbeauftragten, immer mit dem Risiko verbunden, dass das Qualitätsmanagement zu einem „Parallelprozess" wird und keine Veränderungen der Praxis bewirkt. Sicher werden QM-Prozesse nur wirksam, wenn sie von der Leitungsebene gewollt und unterstützt werden, solange die Mitarbeitenden jedoch nicht aktiv eingebunden sind, ist die Wahrscheinlichkeit recht hoch, dass die Prozesse der Qualitätsentwicklung abgekoppelte Parallelprozesse sind, die ohne Wirkungen auf das Kerngeschäft bleiben. Das TQM fordert deshalb die Beteiligung aller Akteurinnen und Akteure: der Mitarbeitenden, der Leitungsebene, aber auch in den Außenbeziehungen zu Kundinnen und Kunden sowie Partnerinnen und Partnern. Auf die Kita bezogen müssten intern Fachkräfte, Leitung und Träger ebenso einbezogen werden wie die Kinder und Eltern. Im Außenverhältnis bezieht sich die Qualitätsentwicklung auf kooperierende Institutionen und Partner aus der Region sowie auf die Bedürfnisse der Gesellschaft.

Es ist zu erwähnen, dass der Begriff Total Quality Management zwar in der Fachliteratur weit verbreitet ist, sich aber in den letzten Jahren als immer weniger alltagstauglich für das Qualitätsmanagement erwiesen hat. Gerade dort, wo dem Qualitätsmanagement zunächst Kritik entgegensteht, löst der Begriff „Total" Widerstand aus. In der 1980er- und 1990er-Jahren war TQM in großen Industrieunternehmen eine bedeutende Innovation im Qualitätsmanagement und der Begriff passte in die Zeit und die Sprache der globalen Unternehmen. Die Ideen des TQM allerdings bleiben auch heute aktuell und in der Praxis hilfreich, wie die im Folgenden dargelegten, dem TQM entspringenden Grundsätze oder Prinzipien des Qualitätsmanagements aufzeigen.

2.4.1 Die TQM-Grundsätze für den Bildungsbereich

Es gibt allgemeine Prinzipien des Qualitätsmanagements, die das Gelingen der Entwicklungsprozesse unterstützen. Diese TQM-Prinzipien (nach DIN EN ISI 9000:2015) gelten für jede Organisationsform, unabhängig von ihrem Ziel, also für Dienstleistungs- und Bildungsorganisationen ebenso wie für produzierende Betriebe. Lediglich die Schwerpunkte verschieben sich.

Mit dem Aufkommen der ISO 9001 im Jahr 1987 wirkte es so, als sei der darin vertretene Ansatz ein alternativer Ansatz zum TQM. Nach und nach wuchsen aber die Konzepte zusammen, und in die Normenfamilie ISO 9000, zu der auch die ISO 9001 gezählt wird, flossen die Kerninhalte des TQM-Konzepts ein. Eine gute Beschreibung von acht TQM-Prinzipien liegt mit der DIN EN ISO 9000:2015 (Qualitätsmanagementsysteme – Grundlagen und Begriffe) vor, die im Folgenden für den Bildungsbereich erläutert werden.

1. Kundenorientierung

Organisationen sollen nicht selbstbezogen agieren, sondern ihr Handeln auf ihre Nutzer- bzw. Nutzerinnengruppen ausrichten, die einen Mehrwert davon haben. Organisationen wollen – je nach Sprachgebrauch – für ihre Klientel oder eben für Kinder und Jugendliche einen Mehrwert schaffen. Anders als in vielen Unternehmen in der Industrie ist dieser Mehrwert nicht monetär, sondern besteht im Bildungsbereich zum Beispiel im Kompetenzzuwachs und in verbesserter Teilnahmemöglichkeit am gesellschaftlichen Leben.

2. Führung

Die Art zu führen und gut zu führen ist von grundlegender Bedeutung dafür, dass Qualität entstehen kann. Deshalb befasst sich das Qualitätsmanagement intensiv mit Führung. Die Leitungen sind verantwortlich für Leitbild und Organisationskultur und unterstützen die Kolleginnen und Kollegen. Als gute Managerinnen und Manager setzen sie die vorhandenen personellen und finanziellen Ressourcen gezielt ein. Gute Führung benötigt Zeit, Kompetenz und eine bewusste Annahme der Rolle als Führungskraft. Nicht führen zu wollen oder das Prinzip Führung in einem kollegialen Miteinander zu negieren, ist keine Option. Allerdings gibt es heute ein sehr weitentwickeltes Wissen über Organisationen mit einem hohen Maß an Selbststeuerung und wenig Hierarchie.

3. Engagement von Personen

Menschen sind grundsätzlich für Qualität motiviert, sie wollen gute Leistungen erbringen, für die sie Anerkennung finden. Organisationen müssen darauf achten, dieses natürliche Bedürfnis für Engagement und für Qualität nicht zu zerstören. Die Möglichkeit zur Partizipation verbessert die Chance, Engagement wirkungsvoll einzubringen. Im Rahmen der Systematisierung des internen Qualitätsmanagements sollten die Aspekte der Kooperation und Kommunikation besonders berücksichtigt werden.

4. Prozessorientierter Ansatz

Prozessorientierung bedeutet, dass Tätigkeiten zielgerichtet aufeinander aufbauend strukturiert sind. Eine Grundannahme lautet: Kunden- bzw. Kundinnenzufriedenheit resultiert aus guten Ergebnissen, gute Ergebnisse entstehen in guten Prozessen, gute Prozesse laufen in guten Strukturen ab. Durch eine klare Planung und Darstellung der Prozesse werden Reibungsverluste reduziert, die Qualität der Prozesse und deren Ergebnisse erhöht. Allerdings ist dabei zu berücksichtigen, dass pädagogische Fachkräfte für ihre Arbeit Spielräume und situationsangemessene Flexibilität benötigen, also nicht durch zu enge Standards und Prozessfestlegungen in ihrer professionellen, kompetenzbasierten Arbeit eingeschränkt werden sollten.

5. Verbesserung

Das Prinzip der kontinuierlichen Verbesserung ist im Qualitätsmanagement seit Jahrzehnten verankert. Es unterstreicht die Notwendigkeit des Denkens in Regelkreisen. Qualitätsentwicklung ist ein kontinuierlicher, planbarer zyklischer Prozess (siehe PDCA-Zyklus weiter unten), der als Aufgabe aller Mitglieder einer Organisation anzusehen ist. Der Zielbeitrag aller Maßnahmen und Aktivitäten wird systematisch überprüft. Dabei sind nicht immer umfangreiche Evaluationen erforderlich, oft genügt eine zeitnahe kritische Reflexion der Beteiligten oder das Feedback der Schulleitung. Grundlegend ist der gemeinsame Wunsch, aus Erkenntnissen und insbesondere aus Fehlern zu lernen.

6. Faktengestützter Ansatz zur Entscheidungsfindung

Plausible Entscheidungen beruhen auf der Analyse von Daten und Informationen. Dieser Grundsatz kann auch als Gegenpol zu ideologisch begründetem Vorgehen gesehen werden. Wer in einer Bildungseinrichtung Konzepte einführt und durchsetzt, muss diese zunächst und vor allem lerntheoretisch und entwicklungspsychologisch begründen können und sich später mit den beobachtbaren Wirkungen und Ergebnissen kritisch auseinandersetzen.

Ausgangspunkt für Qualitätsentwicklung ist stets eine Bestandsaufnahme der gegenwärtigen Situation. Dabei kann zunächst auf bereits vorhandene Erkenntnisse und Daten zurückgegriffen werden, zum Beispiel aus vorhandenen Evaluationen oder Statistiken.

7. Beziehungsmanagement

Dieser Grundsatz des Qualitätsmanagements weist darauf hin, dass jede Organisation in einem Umfeld vernetzter Interessengruppen besteht und für die Erfüllung ihrer Aufgaben u. a. von guten und kooperativen Beziehungen zu umgebenden Systemen abhängig ist. So sind gute Beziehungen im Dreieck „Kind-Eltern-Fachkraft"« entscheidend für das Wohlbefinden der Kinder und auch für den Bildungserfolg im Laufe der Kitazeit.

- Wenn ich die acht TQM-Grundsätze für den Bildungsbereich lese, fällt mir dazu ein …
- Für die Qualitätsentwicklung in meiner Kita bedeutet das …

2.4.2 Der Deming-Zyklus: *Plan – Do – Check – Act*

Eng mit dem TQM verbunden ist der Qualitätszyklus nach Deming. Der Namensgeber Willam Edward Deming war nach dem Zweiten Weltkrieg einer der Pioniere des Qualitätsmanagements. Qualitätsentwicklung verläuft nach Deming in kontinuierlichen, sich wiederholenden Zyklen, sodass auch von einem kontinuierlichen Verbesserungsprozess (KVP) gesprochen wird. In der systematischen Qualitätsentwicklung wiederholen sich die Schritte „Planen" *(plan),* „Handeln" *(do),* „Prüfen" *(check)* und „Verbessern" *(act) (siehe Abbildung 3).* Umfassende Qualitätsmanagementsysteme unterstützen die Steuerung dieser Prozesse.

Abbildung 3: Deming-Zyklus

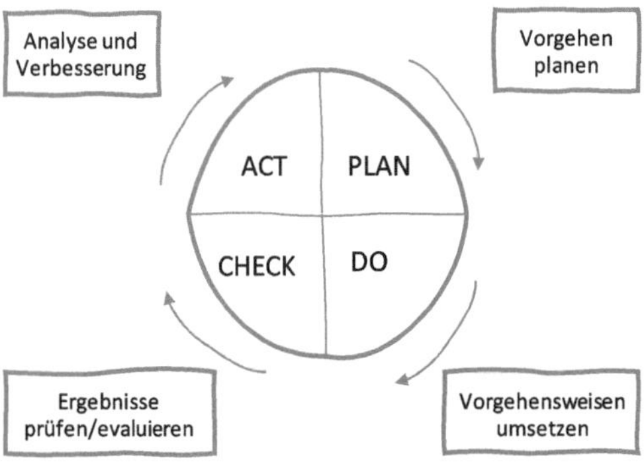

(u. a. Kamiske/Brauer 1999)

So schlicht sich das Modell darstellen lässt, so komplex ist die Umsetzung im Alltag einer Organisation. Der Betrieb lässt sich nicht anhalten, bis alles fein säuberlich sortiert ist, die Maschine wird sozusagen in voller Fahrt gewartet und repariert. Jede der vier idealtypischen Phasen hat ihre Tücken, die sowohl handwerklicher als auch emotionaler Natur sein können. Tabelle 1 mit „Dos und Don'ts bei der Durchführung des Qualitätsmanagements gibt Hinweise zu allen vier Phasen.

Tabelle 1: Qualitätsmanagement

	Dos	Don'ts
Plan Ziele und Vorgehen zur Zielerreichung planen	• Ziele und angestrebten Zustand beschreiben • Prioritäten setzen • Projektmanagement • Konsens finden • Ressourcen einschätzen	• unklare, zu hohe Ziele • zu viel, zu schnell erwarten • Blinder Aktionismus
Do geplante Maßnahmen umsetzen	• Schaffen von Teamstrukturen • Überblick bewahren • Verantwortung delegieren und tragen • Professionelles Projektmanagement	• zu starr an der Planung festhalten, nicht flexibel reagieren • Alleingänge der Leitung • Veränderungsvorhaben nicht von allen geteilt
Check Zielerreichung prüfen	• regelmäßige Reflexion und Bewertung von Effektivität und Effizienz • eigene Fragestellungen verfolgen • externe und interne Datenquellen nutzen	• unerwartete Nebeneffekte ignorieren • das Falsche „messen“
Act Entscheiden, wie es weitergeht	• Transparenz • Kommunikation • Einbindung des gesamten Teams	• die Aktivitäten einschlafen lassen • weitermachen, auch wenn es offensichtlich nichts bringt • nicht auf neue Erkenntnisse reagieren

2.5 Qualitätsmanagement schafft eine neue Qualitätskultur

Ziel der Implementierung eines internen Qualitätsmanagements ist die Schaffung einer neuen Qualitätskultur. Ein hoher Qualitätsanspruch soll von allen Beteiligten gemeinsam gepflegt werden. Jede Fachkraft trägt verantwortlich zum Gelingen des gemeinsamen Ganzen bei. Die Verantwortung für die Qualitätsentwicklung liegt dabei nicht bei einem internen oder externen Spezialisten bzw. einer Spezialistin, sondern ist idealerweise gemeinschaftliche Aufgabe aller Mitarbeiterinnen und Mitarbeiter *(shared Leadership).*

Pädagogische Qualitätsentwicklung berührt gleichermaßen fachliche und organisatorische Aspekte wie auch persönliche und emotionale Fragen. Die Veränderung einer Organisation ist verbunden mit individueller Entwicklung und persönlichen Lernprozessen. Es ist eine entscheidende Führungsaufgabe, diese mit der Organisationsentwicklung einhergehende persönliche Entwicklung der Betroffenen zu erkennen und zu fördern. Die Leitung muss ihre Kommunikation und ihr Handeln darauf ausrichten, die Mitarbeiterinnen und Mitarbeiter für den Wandel zu gewinnen, und diesen mit ihnen gemeinsam zu gestalten.

Für die gemeinsame Entwicklung der pädagogischen Qualität sind besonders die Aspekte der Transparenz, der Partizipation, der Kooperation und Kommunikation hervorzuheben. Ein Qualitätsmanagementverfahren bietet Instrumente der Beteiligung und unterstützt die kooperative Entwicklungsarbeit. Durch eine systematische Dokumentation wird größtmögliche Transparenz hergestellt.

Neben dem primären Ziel, die Qualität der pädagogischen Arbeit zu sichern, kann ein systematisches Qualitätsmanagement einen konkreten Nutzen und auch Nebenwirkungen für die unterschiedlichen Interessengruppen erzielen, die im folgenden Kasten zusammengefasst sind:

Vorteile einer systematischen Qualitätsentwicklung für die Agierenden in der Kita:

Für die Kitaleitung:
- Unterstützung bei den Leitungsaufgaben
- Strukturen, die eine transparente und partizipative Reflexion der Praxis im Team unterstützen
- Stärkung der Effektivität und Effizienz aller in der Kita ablaufenden Prozesse
- Hilfe beim Identifizieren der Stärken und des Verbesserungspotenzials der Kita
- Arbeitserleichterung für die Dokumentation
- Steigerung der Attraktivität der Kita

Für Fachkräfte:
- Verbesserung des Klimas durch eine professionelle Kommunikations-, Kooperations- und Feedbackkultur
- Aktive Beteiligung durch Mitsprache und Gestaltungsmöglichkeiten (Partizipation)
- Orientierung und Sicherheit durch systematische Abläufe und transparente Verfahren
- Bündelung der Kompetenzen der Mitarbeitenden
- Stärkung der Arbeitszufriedenheit
- Entlastung durch effizientere Prozesse
- Kompetenzentwicklung auf individueller und organisationaler Ebene
- Stärkung der Selbstreflexionskompetenz

Für die Eltern und externe Partnerinnen und Partner:
- Besseres Eingehen auf Anforderungen und Bedürfnisse aus Elternsicht
- Mehr Transparenz bezüglich der Qualitätsentwicklung der Kita
- Intensiverer Kontakt zur Kita durch Möglichkeit zur Mitwirkung und Partizipation
- Interessantere Elternabende
- Geteilte Verantwortung für den Bildungsweg

Für die Kinder
- Möglichkeit mit den eigenen Wahrnehmungen und Interessen gehört zu werden
- ein verbessertes pädagogisches Umfeld bzw. verbesserte pädagogische Angebote

3 Was uns leitet – Bezugsrahmen und Theorie

Worum es in diesem Kapitel geht

- *Welches Menschenbild leitet uns?*
- *Auf welche Modelle und Methoden beziehen wir uns?*
- *Was ist der Hintergrund des Modells der Themenzentrierten Interaktion?*
- *Was ist der Hintergrund der Methode der wertschätzenden Erkundung?*

Von der Anfangsidee, ein neues und an der pädagogischen Praxis der Fachkräfte orientiertes Qualitätsmanagementverfahren zu entwickeln, sind wir schnell auf die Frage nach geeigneten Methoden für die Gestaltung und Moderation der Prozesse gekommen. Das übliche Verfahren, den Qualitätsprozess über bereits vorgegebene Fragebögen und Checklisten zu starten und die Ergebnisse einer solchen Erhebung als alleinigen Anfangsimpuls für die interne Reflexion zu nehmen, sollte es nicht sein. Insgesamt war das Ziel, den Qualitätsentwicklungsprozess nicht nur sinnvoll anzustoßen, sondern ihn von vornherein so anzulegen, dass er zum kontinuierlichen Verbesserungsprozess wird und nicht verebbt. Zudem sollten sich die formulierten Ansprüche bezüglich der Partizipation, Motivation und Transparenz in jedem Verfahrensschritt wiederfinden.

An dieser Stelle ist zu betonen, dass der Wertschätzende Qualitätsdialog die Handschrift der Urheberinnen trägt. Wir haben ihn mit Methoden bestückt, die uns vertraut waren und die uns am besten geeignet erschienen. Auch wenn das Gesamtkonzept des Wertschätzenden Qualitätsdialog nach unserem Kenntnisstand neuartig ist, haben wir doch das Rad nicht neu erfinden müssen: Uns am Menschenbild der humanistischen Psychologie orientierend, sind es vor allem die Philosophien und die Methodenrepertoires von 1. der Schule der Themenzentrierten Interaktion und 2. der wertschätzenden Erkundung *(Appreciative Inquiry),* die den Wertschätzenden Qualitätsdialog prägen.

Zu beiden Methoden sind bereits umfangreiche und gute Einführungen von anderen Autoren und Autorinnen verfasst worden, eine kommentierte Auswahl hierzu findet sich weiter unten. Im Rahmen dieses Kapitels wird eine kompakte Einführung zu beiden Ansätzen gegeben, auch um das Interesse und ein wenig Neugier zu wecken, sich hier vertieft einzuarbeiten.

3.1 Das Menschenbild der humanistischen Psychologie

Die humanistische Psychologie ist eine Sammelbewegung von Wissenschaftlern, Wissenschaftlerinnen und Forschenden in den USA der 1950er-Jahre, die dem Mainstream der allgemeinen Psychologie kritisch gegenüberstanden, so zum Beispiel Abraham Maslow, Carl Rogers, Virginia Satir und Fritz Perls. Zunächst kritisierten sie die Prämisse der experimentellen universitären Psychologie, wo nur zählte, was messbar war. Damit würde der Blick auf das menschliche Wesen und seine Eigenschaften verengt und wäre unzureichend. Außerdem sei sie zu sehr an den vorherrschenden Strömungen der Therapie orientiert, die den Menschen eher als determiniert und äußeren Einflüssen ausgeliefert sah, als ihm einen eigenen Handlungswillen zuzuschreiben. Die behavioristische Therapieschule ging von der Konditionierbarkeit des Menschen aus und die Psychoanalyse betrachtete den Menschen den eigenen Trieben ausgeliefert. Ferner orientiere sich die klassische Psychologie zu sehr an der Norm bzw. befasse sich mit den negativen Abweichungen dieser.

Im Gegensatz dazu basiert die humanistische Psychologie auf der Überzeugung, dass der Mensch in Freiheit und Würde in der Lage sei, etwas aus sich zu machen und sich selbst zu verwirklichen (Tendenz der Selbstverwirklichung).

Die Annahmen im Einzelnen:

1. *Ganzheitlichkeit*
   Der Mensch wird als psychobiologische Einheit gesehen. Man wendet sich gegen eine Überbetonung der rationalen Welterfassung, die die Herzensbildung vernachlässigt. Damit ist jedoch kein Anti-Intellektualismus verbunden, es geht eben um die Ganzheitlichkeit und damit Gleichwertigkeit der verschiedenen Dimensionen. (Ruth Cohn: „Auch der Kopf ist ein wertvoller Teil des Menschen.“)

2. *Autonomie*
   „Jeder kann jeder Zeit etwas aus dem machen, was man aus ihm gemacht hat.“ (Sartre)
   „Zwischen Reiz und Reaktion gibt es einen Raum. In diesem Raum haben wir die Freiheit und die Macht, unsere Reaktion zu wählen. In unserer Reaktion liegen unser Wachstum und unsere Freiheit.“ (Frankl)
   Mit der Betonung der Autonomie unterstreicht die humanistische Psychologie die Fähigkeit des Menschen, sich jederzeit und selbstverantwortlich entscheiden zu können. Der Mensch kann zum Architekten seiner selbst werden und die Überwindung von Opferhaltungen und Abhängigkeiten ist ihm möglich, wenn er sich dafür entscheidet.

Betont wird die Dialektik von Schicksalsdemut und eigener Wirkmächtigkeit: Ich kann nicht alles beeinflussen, was (mir) geschieht, wohl aber meine Wahrnehmung der Lage und meinen Umgang damit.

3. *Positiver Hedonismus*
   Die humanistische Psychologie unterstützt das Prinzip der Selbstfürsorge, im Sinne der Erlaubnis, es sich auch selbst gutgehen zu lassen. Der Mensch lebt auch um seiner selbst willen. Nur wenn ich für mich selbst sorge, kann ich auch für andere dienstbar werden. Dazu gehört ein bewusster Umgang mit den eigenen Grenzen und auch Möglichkeiten.
   Gemeint ist jedoch nicht die Überbetonung des persönlichen Wohls, die zum Egotrip würde, sondern die Pflege der eigenen Ressourcen, um diese dann wieder zum Wohl der Gemeinschaft einsetzen zu können.

4. *Wertebindung und Gemeinschaftlichkeit*
   Es wird als Urbedürfnis der menschlichen Seele angenommen, zum Gelingen des Ganzen – von dem ich ein Teil bin – beizutragen. Es gebe einen WIR-Anteil im ICH, der uns als soziale Gemeinschaftswesen auszeichnet. Viktor Frankl spricht von einem Sinnvakuum, das entstehe, wenn der Mensch nicht das Gefühl hat, gebraucht zu werden. Es wird vom Wunsch nach Selbsttranszendierung ausgegangen. Ruth Cohn beschreibt den Menschen als gleichzeitig autonom und interdependent. Nicht Opportunismus ist in der Gemeinschaftlichkeit gefordert, sondern Akzeptanz und ein produktiver Umgang mit den Unterschieden, der Verbindung herstellt.

5. *Authentizität und wesensgemäße Stimmigkeit*
   Authentisch zu leben bedeutet, sein Leben wesensentsprechend und der eignen Berufung folgend zu führen. Die humanistische Psychologie ermutigt dazu, dem eigenen Bedürfnis und der Berufung immer wieder neu auf die Spur zu gehen. In der Interaktion mit andern authentisch („echt") zu sein, fordert mich heraus zu sagen, was mit mir ist, auf eine Weise, die auch sozial verträglich ist und den anderen nicht zurückstößt.
   Friedemann Schulz von Thun formulierte es als Erziehungsziel, „den Menschen kennenzulernen, der in mir wohnt. Maximal ehrlich mir selbst gegenüber – selektiv anderen gegenüber."

6. *Potenzialentfaltung und Stärkenorientierung*
   Bereits die Urheber und Urheberinnen der humanistischen Psychologie betrachteten es als die Aufgabe von Therapie und Coaching, dazu beizutragen, dass Menschen sich selbst aktualisieren und die eigenen Potenziale entdecken und entfalten können. Der Perspektivwechsel von der Defizit-

orientierung *(What is wrong with you?)* hin zur Stärkenorientierung *(What is right with you?)* wurde damit angelegt.
In der Fähigkeit zu Selbstaktualisierung (Carl Rogers) und Selbstverwirklichung (Fritz Perls) wird die Souveränität des Menschen zur Veränderung und die Entscheidungsmöglichkeit zur Bewältigung der Herausforderungen des Lebens gesehen. In der Überbetonung würde allerdings das Leiden negiert. Die wahre Stärke und Souveränität der erwachsenen Persönlichkeit bestehe auch darin, zu den eigenen Begrenztheiten und Mutlosigkeiten stehen zu können.

Diese Grundannahmen der humanistischen Psychologie bilden das Fundament der heute verbreiteten Positiven Psychologie (Martin Seligman, Barbara Fredrickson u. a.) sowie der im Folgenden beschriebenen Methoden der Themenzentrierten Interaktion (von Ruth Cohn ab den 1960er-Jahren zunächst in den USA, dann in der Schweiz entwickelt) und der *Appreciative Inquiry* (seit Mitte der 1990er-Jahre von David Cooper, Diana Whitney und Kollegen entwickelt).

3.2 Die Themenzentrierte Interaktion (TZI)

Eine Methode bei der Gestaltung der Interaktionsprozesse im Wertschätzenden Qualitätsdialog, um lebendiges Lernen des Teams rund um die Qualitätsentwicklung zu unterstützen, ist die Themenzentrierte Interaktion. Das Team findet eine Struktur vor, die seine Kooperationsmöglichkeiten und kreative Lösungsfindung unterstützt. Die einzelnen Teammitglieder kommen mit ihren Eigenarten, Bedürfnissen und pädagogischen Intentionen zu Wort. Die verschiedenen Verfahrensschritte unterstützen das Zusammenfinden zu einem pädagogischen Konsens bzw. geben den Raum, um auch mit unterschiedlichen Einschätzungen und Haltungen produktiv umgehen zu können.

Das System der Themenzentrierten Interaktion (TZI) wurde von der 1912 in Berlin geborenen und 1933 in die Schweiz emigrierten Psychoanalytikerin Ruth Charlotte Cohn entwickelt. Sie ist eng mit ihrer Biografie und ihren Erfahrungen während der NS-Herrschaft in Deutschland verwoben: „Von Anfang an jedoch, seit meinen Erfahrungen in der Nazizeit, wollte ich einen Weg finden, gesellschaftstherapeutisch zu arbeiten, pädagogisch und politisch.“ (Ruth C. Cohn, zit. Nach Löhmer 1984, S. 17). Ihr Ziel war, einen Kontext für lebendiges Lernen zu gestalten, bei dem Intellekt, Körper und Emotionen gleichermaßen involviert sind. Die TZI ist ein pädagogisches Gruppenverfahren, das auf den Erkenntnissen der Psychoanalyse sowie der Gruppen- und Gestalttherapie basiert. Es ist mithin kein therapeutisches

Verfahren, sondern überträgt die Methoden und Settings in andere Kontexte, wie Arbeits- oder Entwicklungsgruppen. Das Anliegen Cohns war es, dass Menschen miteinander lernen, sich selbst und andere so zu leiten, dass kontinuierlich Wachstum gefördert wird und zerstörerische und krankmachende Tendenzen sich nicht verfestigen können. Bewusst ging sie dabei über die Therapie einzelner Personen hinaus, da sie überzeugt war, dass dieselben Entwicklungsaufgaben für jeden Menschen hilfreich wären und hierfür Räume zu schaffen seien. Das besonders Hervorstechende an der TZI bzw. das Besondere an der Motivation Ruth Cohns war ihr gesellschaftspolitisches Anliegen. Es ging ihr stets um die Fähigkeit zur Bewältigung der zentralen gesellschaftlichen und ökologischen Aufgaben, die für sie nicht Beiwerk, sondern der Kern von Bildungsprozessen sein sollten. Tief geprägt von den Beobachtungen und Erfahrungen in der Zeit des Nationalsozialismus, war ihr Ziel, dazu beizutragen, dass jedes Mitglied einer Gesellschaft sich verantwortlich und zur Mitgestaltung der Dinge aufgerufen fühlt – im Gegensatz zum stets zu befürchtenden Mitläufertum und reflexhaften Anpassungstendenzen. Sie wollte Kooperation fördern, statt Rivalität. Dabei verwies sie stets darauf, dass der Realitätssinn zu bewahren sei und der realistisch-kritische Blick auf die Verhältnisse durchaus zu pflegen sei, um nicht persönlichen oder gesellschaftlichen Illusionen zu verfallen („Wahrheit und Klarheit vor Schönheit").

Nach mehrjährigen Erfahrungen und der Suche nach einer Struktur, die ihr Anliegen beschreiben könnte, kam Ruth Cohn 1966 das „TZI-Modell" in den Sinn, das weiter unten noch detailliert erklärt wird:

> „Vier Punkte bestimmen meine Gruppenarbeit. Sie sind alle vier miteinander verbunden und gleich wichtig. Die Punkte sind:
>
> - die Person, die sich selbst, den anderen und dem Thema zuwendet (= ICH)
> - die Gruppenmitglieder, die durch Zuwendung zum Thema und durch ihre Interaktion zur Gruppe werden (= WIR)
> - das Thema, die von der Gruppe behandelte Aufgabe (= ES)
> - das Umfeld, das die Gruppe beeinflusst und von ihr beeinflusst wird, also die Umgebung im nächsten und weitesten Sinn (= der GLOBE)"
>
> (Cohn/Farau 1987, S. 344).

Anwendungsbereiche der Themenzentrierten Interaktion

Während die TZI zunächst besonders im theologischen und pädagogischen Bereich Verbreitung gefunden und viele Menschen inspiriert hat, findet sie seit den 1990er-Jahren auch im Feld der Organisations- und Unternehmensentwicklung Beachtung. In den 1970ern war die TZI in Deutschland sehr prominent in der Selbsterfahrungsszene. Eine aus dieser Zeit bis heute vorhandene Skepsis mag daher rühren, dass dort mag – man hat dort häufig schlicht das Thema und die Bearbeitung einer gemeinsamen relevanten Frage unterschätzt, sodass die dynamische Balance aus dem Gleichgewicht kommen konnte in Richtung der Befindlichkeiten, ohne in der Sache voranzukommen. Dass dies auf Dauer unbefriedigend ist, verwundert wenig. Seit den 1980ern ist die TZI als eine differenzierte Methode zur Beobachtung von Situationen sowie zur Begleitung sozialer Prozesse anerkannt. TZI wird heute als ein umfassendes, ganzheitliches Handlungskonzept begriffen, das das Ziel hat, Situationen, in denen Menschen interagieren, arbeiten, leben und lernen, so zu gestalten, dass sie sich bewusst als menschlich und humanisierend erleben. Der Fokus liegt auf Maßnahmen in Gruppen, Teams und Organisationen. Dies umfasst Aufgaben wie Planung, Führung, Intervention, Reflexion, Analyse und Diagnose. Das übergeordnete Ziel ist, professionelle, gemeinschaftliche Lernprozesse zu schaffen, die optimale Ergebnisse produzieren, in denen sich die gemeinsamen Ziele der Beteiligten widerspiegeln.

Die Grundlagen des Systems der Themenzentrierten Interaktion

Wer es genauer wissen möchte, lese diesen kompakten Band zur Einführung von Cornelia Löhmer und Rüdiger Standhardt (Hrsg.): TZI – Die Kunst, sich selbst und eine Gruppe zu leiten. Einführung in die Themenzentrierte Interaktion.

Abbildung 4: Themenzentrierte Interaktion im Überblick: Das TZI-Haus

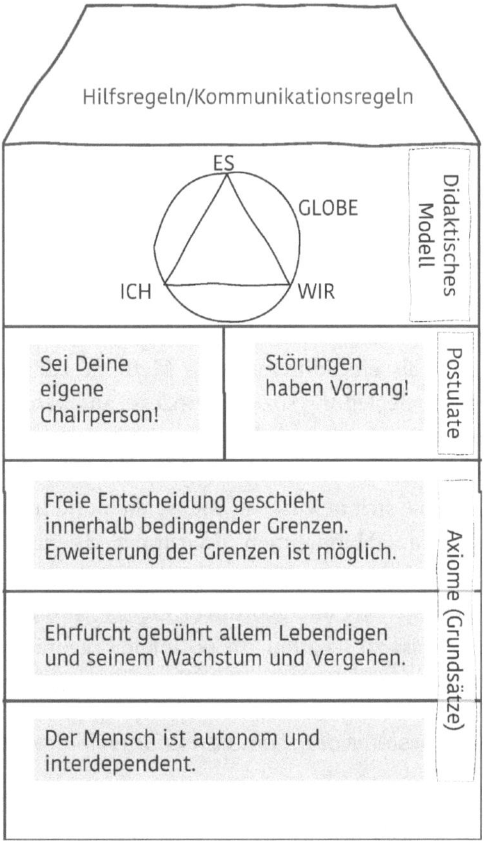

(vgl. Cohn/Terfurth 2007)

Das humanistische und ganzheitliche Menschenbild der TZI ist in den drei Axiomen beschrieben, die das wertegebundene Fundament des TZI-Hauses (siehe Abbildung 5) bieten. Diese finden ihre Ergänzung in den beiden Postulaten. Sie wirken im Zusammenhang, stehen nicht unverbunden nebeneinander.

1. *Das existentiell anthropologische Axiom: Der Mensch ist autonom und interdependent.*

> „Der Mensch ist eine psycho-biologische Einheit. Er ist auch Teil des Universums. Er ist darum autonom und interdependent. Autonomie und Eigenständigkeit wächst mit dem Bewußtsein der Interdependenz (Allverbundenheit)" (Cohn 1975/2018, S. 120).

> „Menschliche Erfahrung, Verhalten und Kommunikation unterliegen interaktionellen und universellen Gesetzen, Geschehnisse sind keine isolierten Begebenheiten, sondern bedingen einander und Vergangenheit, Gegenwart und Zukunft" (Löhmer/Standhardt 2018, S. 46).

Mit diesem ersten Axiom werden die beiden Grunddispositionen des menschlichen Seins angesprochen: Zum einen die Autonomie und Entscheidungsfreiheit des Menschen, zum anderen die Verbundenheit aller Menschen miteinander und das soziale Bedingtsein. Die von Cohn gewählte Formulierung unterstreicht die menschlichen Entwicklungsmöglichkeiten durch Bewusstheit beider Pole. Immer dort, wo das Individuum notwendigerweise in Gemeinschaft tritt, bedarf es der Relativierung von Autonomie durch die Interdependenz und die Verbindung mit den anderen, um das Umschlagen der Autonomie in Egozentrismus zu verhindern. Durch dieses Bewusstsein der Zugehörigkeit zur Welt im Ganzen, wächst die Verantwortung dafür, eben diese zu achten und zu schützen.

2. *Das ethisch-soziale Axiom:* Ehrfurcht gebührt allem Lebendigen.

> „Ehrfurcht gebührt allem Lebendigen und seinem Wachstum. Respekt vor dem Wachstum bedingt bewertende Entscheidungen. Das Humane ist wertvoll, Inhumanes ist wertbedrohend" (Cohn 1975/2018, S. 120).

Dieses Axiom stellt die Förderung des Lebens über alles andere und betont, dass technischer und wirtschaftlicher Fortschritt zum Wohle des Menschen und unter Bewahrung der Umwelt betrieben werden sollten. Im historischen Kontext betrachtet, richtet sich Cohn hiermit auch deutlich gegen jede Unterdrückung des Menschen durch den Menschen.

3. *Das pragmatisch-politische Axiom: Grenzen wahrnehmen und erweitern*

> „Freie Entscheidung geschieht innerhalb bedingender innerer und äußerer Grenzen. Erweiterung dieser Grenzen ist möglich. Unser Maß an Freiheit ist, wenn wir gesund, intelligent, materiell gesichert und geistig gereift sind, größer, als wenn wir krank, beschränkt oder arm sind und unter Gewalt und mangelnder Reife leiden. Bewusstsein unserer universellen Interdependenz ist die Grundlage humaner Verantwortung" (Cohn 1975/2018, S. 120).

Dieses Axiom verweist auf die inneren und äußeren Grenzen, die zwar immer vorhanden, dabei gleichzeitig immer auch verhandelbar bzw. veränderbar sind. Der Mensch kann sich in jeder Situation frei entscheiden, ob und wie weit er sich den Gegebenheiten fügt oder ob er sich für deren Veränderungen einsetzt. Der Mensch ist weder allmächtig noch ohnmächtig, er ist partiell mächtig. Diese partielle Macht kann in jeder persönlichen, sozialen oder auch politischen Situation genutzt werden.

Aus diesen Grundüberzeugungen der TZI (vgl. Cohn/Farau 1993, S. 356 ff.) ergeben sich zwei wegweisende Postulate, quasi Appelle an jede und jeden Einzelnen, die an einer Gruppe, einer Organisation und der Gesellschaft beteiligt sind. Mit diesen Postulaten werden wir unmittelbar in die Pflicht genommen und ermutigt, Verantwortung für uns selbst zu übernehmen, anstatt diese stets an die leitende Person zu delegieren. Ruth Cohn verweist darauf, dass auch Nichtentscheiden als aktives Tun zu werten ist. Aus dieser individuellen Verantwortung käme der Mensch nicht heraus. Der Mensch hat die Fähigkeit, sich selbst zu leiten, für die eigenen Interessen und das eigene Wohlbefinden Verantwortung zu übernehmen und dabei gleichzeitig die Bedürfnisse der anderen und die äußeren Gegebenheiten zu berücksichtigen.

Das erste Postulat lautet im Original von Ruth Cohn: „Sei Dein(e) eigene(r) Chairman/Chairwoman, sei die Chairperson Deiner selbst. Mache Dir Deine innere und äußere Wirklichkeit bewusst. Benütze Deine Sinne, Gefühle, gedanklichen Fähigkeiten und entscheide Dich verantwortlich von Deiner eigenen Perspektive her" (Cohn/Farau 1993, S. 358).

Das erste Postulat adressiert die Selbstverantwortung des/der Einzelnen. Es weist darauf hin, dass auch die Gruppenmitglieder, Kinder, Schüler und Schülerinnen einen Anspruch darauf haben, Chairpersonen in ihrem Leben und auf ihrem Lernweg sein zu können, und zu lernen, die anderen ihre eigene Chairperson sein zu lassen. Weitere Bildungsziele, die sich hieraus ergeben:

- Sein Leben führen – andere ihr Leben führen lassen – die anderen führen
- Sich selbst helfen – sich helfen lassen – anderen Hilfe anbieten
- Selbstverantwortlich handeln – den anderen für sich selbst verantwortlich sein lassen – für andere (zum Beispiel Umwelt) verantwortlich sein
- Seinen eigenen Sinn (Eigen-Sinn) haben – den Eigen-Sinn anderer respektieren
- Sich Zeit lassen und gelassen sein – dem anderen seine Zeit lassen
- Sich erlauben, sich in seiner Lebensführung zu irren – dem anderen das Sich-Irren zugestehen
- Sich erlauben, Fehler zu machen – den Splitter im Auge des anderen nicht mehr hervorheben als den Balken im eigenen.

(Sammlung von Assoziationen aus einem Kolloquium zu TZI, vgl. Matzdorf 2007, S. 361)

„Störungen und Betroffenheiten haben Vorrang. Beachte Hindernisse auf Deinem Weg, Deine eigenen und die von anderen; ohne ihre Lösung wird Wachstum verhindert oder erschwert" (Ruth Cohn zit. nach Schneider-Landolf et al. 2014, S. 101)

Das zweite Postulat ist als „Störungs-Postulat" bekannt. Bis hierhin ist es ebenso bekannt wie oft verkannt.[2] TZI-Runden wurden gerade unter Pädagoginnen und Pädagogen oft als Befindlichkeitsrunden kritisiert, die zur Nabelschau einladen würden. Und in der Tat erinnern sich auch die Autorinnen an Situationen, in denen dieses Postulat als persönlicher Freibrief für unproduktives Verhalten genutzt wurde. Liest man auch den zweiten Satz, stellen sich die Dinge schon anders dar: Störungen und innere Widerstände möchten sehr bewusst wahrgenommen und ein aktiver Umgang mit ihnen gepflegt werden. Es hat keinen Sinn, diese zu ignorieren, sie würden sich immer wieder melden. Bedeutsam ist die Betonung der Selbstverantwortung zur Lösung, um inneres und äußeres Wachstum zu ermöglichen. Ruth Cohn betont: „Widerstände sind mit lebendiger Energie besetzt und Bestandteil des inneren Lebens." Die Botschaft ist die Akzeptanz der gesamten Persönlichkeit: „Ich darf sein, der ich bin, ich bin Ich und wertvoll auch mit meinen Störungen und Widerständen und mit dem bewussten und unbewussten Wunsch nach Hilfe, sie überwinden zu lernen" (Cohn 2018, S. 184).

In diesem Sinne steht die Entwicklung, die Freisetzung des gefangenen lebendigen Potenzials und damit die Balance oder auch das innere Wohlbefinden des/der Einzelnen (ICH) im Dienst der Gruppe (WIR) und der gemeinsamen Sache (ES – Thema) im Kontext (GLOBE – Welt). Umgekehrt ist es die Gruppe, die dem/der Einzelnen den notwendigen Raum, Rückhalt und Unterstützung für die (Auf-)Lösung der Störung bietet.

Auf diesem systemischen Fundament liegen die vier Interaktionsmethoden:

a) Partizipativer Leitungsstil

Der Leiter bzw. die Leiterin übernimmt immer gerade so viel Führung, wie für die Balance im Prozess und für das Kurshalten mit Blick auf das Thema erforderlich ist, und tritt immer dort in den Hintergrund, wo die Teilnehmenden als selbstverantwortliche Chairpersonen agieren. Der partizipative Leitungsstil betont die Gemeinsamkeit und die Verbindung zwischen Leiter/Leiterin und Gruppenmitgliedern, zwischen pädagogischen Fachkräften und

2 Im Englischen lautet der Text: „*Disturbance and passionate involvement take presedence*" (Cohn/Farau, 1993, S. 360).

Kindern. Ziel ist der Abbau struktureller Machtgefälle und von auf Zwang aufbauenden Autoritätsstrukturen. Nicht der Leiter bzw. die Leiterin diktiert das Spiel, sondern alle Anwesenden gemeinsam. Die Art und Weise einer partizipativen Gruppenleitung variiert beständig in Abhängigkeit vom jeweiligen Gruppengeschehen.

b) Das ICH-WER-ES-Dreieck im GLOBE in dynamischer Balance

Abbildung 5: TZI-Modell

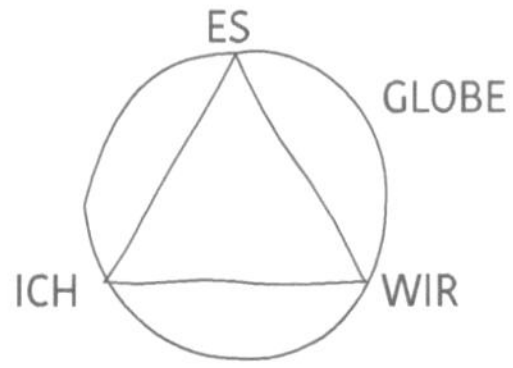

(vgl. Cohn/Terfurth 2007)

Das TZI-Dreieck im GLOBE wird oft verkürzt mit dem Modell gleichgesetzt (siehe Abbildung 5). Es beschreibt jedoch vielmehr die zentrale Methode, dem ständigen Beachten und Neuherstellen der Balance zwischen den vier Interaktionsfaktoren einer Gruppe. Beim Einstieg in eine Interaktion muss zunächst jedes ICH herausfinden, was es will, denkt und fühlt. Die Leitung ermutigt, sich der eigenen Motive und Bedürfnisse bewusst zu werden und gleichzeitig die Unterschiedlichkeit der übrigen Mitglieder wahrzunehmen und als gegeben zu akzeptieren. Die Gruppe, das WIR, besteht aus den einzelnen ICHs, die für eine gewisse Zeit an einem Ort interagieren. Das ES, das gemeinsame Thema oder die gemeinsame Aufgabe, ist der inhaltliche Bezugspunkt, der immer wieder ins Zentrum geholt werden muss. Zur Vorbereitung gehört eine gute, situationsgerechte sowie möglichst positive Formulierung des Themas. Der GLOBE umfasst alle Rahmen- und Umweltbedingungen, die außerhalb der aktuellen Situation der aktuellen Gruppenarbeit liegen und einen Einfluss haben. Und nicht zu vergessen: Jedes ICH hat wiederum seinen eigenen GLOBE, den es ins WIR mitbringt.

Das Prinzip der Dynamischen Balance

„Jede Gruppe wird durch vier Faktoren bestimmt:

1. die Person (ICH)
2. die Gruppeninteraktion (WIR)
3. das Thema oder die Aufgabe (ES)
4. das Umfeld im engsten und weitesten Sinn (GLOBE)

Symbolisch kann diese Konstellation als gleichseitiges Dreieck in einer vielschichtig-transparenten Kugel ausgedrückt werden: Ich, Wir und Es sind gleich wichtig, ebenso wie unsere nahe und ferne Umgebung, der ‚Globe'.

Die Anerkennung und Förderung der Gleichgewichtigkeit der Ich-Wir-Es-Faktoren im Globe ist die Basis der TZI-Gruppenarbeit und -leitung. Es geht darum, die Wichtigkeit des Themas (resp. der Aufgabe) und die Wichtigkeit der Wirkungszusammenhänge in und mit der Umwelt in dynamischer Balance zu halten. [...] Dynamische Balance [...] geht über das Dreieck in der Kugel hinaus. Gleichgewichtsstörungen entstehen auch in jedem Einzelnen durch Missachtung des Wechsels von Arbeit und Ruhe, Geben und Nehmen, durch zu viel Zeit mit Kindern und zu wenig Zeit mit Erwachsenen oder umgekehrt, durch zu viel Training und zu wenig Ausübung usw. [...] Leben ist gekennzeichnet durch bewegende Neuorientierung und nicht durch Statik" (Cohn/Farau 1993, S 351 ff.).

c) Die Strukturen ermöglichen Prozesse und schaffen Vertrauen

Um in einer Gruppe produktiv und ergebnisreich arbeiten zu können, ist eine gute Strukturierung unerlässlich. Es ist die Aufgabe der Gruppenleitung, sich im Vorweg zu informieren und sich Gedanken zu machen, welche Strukturierungshilfen für den jeweiligen Anlass oder das Thema passend sind. Die Art und Weise der Struktur hat großen Einfluss auf die Prozesse sowie auf Offenheit und Vertrauen in der Zusammenarbeit. Zu enge Strukturen hemmen die Prozesse oder fordern unnötige Widerstände und Unwohlsein der Teilnehmenden heraus. Fehlende Strukturen verunsichern und führen meist in beliebige Prozesse, die vom eigentlichen Thema wegführen und ohne konkrete Ergebnisse bleiben. Unzufriedenheit ist vorprogrammiert. Die Gegenbegriffe zum Dreieck „Struktur-Prozess-Vertrauen" wäre „Chaos-Stagnation-Misstrauen". Auch hier geht es darum, immer offen für die dynamische Balance zu sein und zu erkennen, wann mehr Selbstleitung hilfreich ist und wann mehr strukturierende Anleitung für den Prozess erforderlich ist im Hinblick auf Ziel und Thema.

Cohn beschreibt die Aufgaben einer guten Moderation prägnant mit folgenden Worten:

> „Unerlässlich sind für professionelle TZI-Gruppenleiter Flexibilität im schöpferischen Ansatz sowie Kenntnisse, wie Gruppenprozesse und Arbeitsklima durch

Strukturen gefördert und wodurch sie behindert werden können. Dazu gehören präzise Techniken der Aufteilung und Zusammenführung von großen und kleinen Gruppen, Beziehungsklärung mit Ko-Leitern und Assistenten, Errechnen oder Ermessen der Relation zwischen verfügbarer Zeit und Personenzahl; Homogenität und Heterogenität in der Gruppenzusammensetzung je nach Art oder Schwierigkeit des Themas oder der Aufgabe. Die meisten Misserfolge bei der TZI-Gruppenarbeit resultieren aus Unkenntnis des jeweiligen Globe und nicht genügend durchdachtem Strukturieren im Prozeß" (Cohn/Farau 1993, S. 369).

„Es ist meine Erfahrung, daß in jeder Arbeitssituation, in der Strukturen nicht den Erfordernissen der Situation dienen, das Vertrauen auch zwischen gutwilligen Menschen sinkt. Ohne Veränderungen fehlerhafter Strukturen kann Vertrauenslosigkeit Organisationen, Betriebe, Teamarbeit bis zum Zusammenbruch führen. Ich sehe also Struktur, Prozess, Vertrauen als gleichgewichtige Faktoren an, die im Zusammenleben und -arbeiten beachtet werden müssen [...]. Wenn Strukturen situations- und menschengerecht sind, erhöhen sich Vertrauen und die Qualität der Prozesse eher, als wenn der Ansatz ein Versuch ist, Prozesse positiv zu beeinflussen, während die Strukturen unverändert ungünstig sind" (Cohn in: Matzdorf/Cohn 1983, S. 1300).

d) „So viel Struktur wir nötig, so viel Prozess wie möglich!"

Auch Ruth Cohn fand ausgesprochene und mit der Gruppe vereinbarte Hilfsregeln zur Art und Weise der Kommunikation sehr hilfreich und legte sie auch schriftlich nieder. Als sie allerdings beobachten musste, was die „mechanisierte Anwendung des Cohnschen Regelsystems, das in vielen Institutionen an die Wand geschlagen und in die Hirne eingebrannt wurde" auslöste, unterstrich sie noch einmal deren Intention, den Kommunikations- und Gruppenprozess zu unterstützen. Sie wolle nicht Maßregelung, Intoleranz und Dogmatismus befördern. Wenn sie hingegen in einem verstehenden und situationsangemessenen Sinne gebraucht würden, seien sie hilfreich. Ruth Cohn selbst hat immer nur die Regel(n) eingeführt, die für die jeweilige Situation förderlich erschien, eingebettet in die humanen Grundhaltungen (vgl. Cohn/Farau 1993, S. 361 ff.).

Beispiele für Hilfsregeln:

- Vertritt dich selbst in deinen Aussagen; sprich per ‚Ich' und nicht per ‚Wir' oder ‚Man'. (Diese Hilfsregel hilft, Versteckspiele zu vermeiden und selbstverantwortliche Aussagen zu fördern.)
- Sei authentisch und selektiv in deinen Kommunikationen. Mache dir bewusst, was du denkst, fühlst und glaubst, und überdenke vorher, was du sagst und tust

(Wenn ich alles ungefiltert sage, beachte ich nicht meine und des anderen Vertrauensbereitschaft und Verständnisfähigkeit [...] Wenn ich selektiv und authentisch bin, begründe ich Vertrauen und Verständnis.)

- Halte dich mit Interpretationen von anderen so lange wie möglich zurück. Sprich stattdessen deine persönlichen Reaktionen aus.
- Sei zurückhaltend mit Verallgemeinerungen.

Die durch und durch an Wohl und Würde des Menschen orientierte Grundhaltung von Ruth Cohn ist mit der TZI zu einem Modell geworden, das uns Autorinnen in unserer Arbeit schon lange begleitet und für den Wertschätzenden Qualitätsdialog stilprägend ist. Gerade der bewusst partizipative Leitungsstil ist von zentraler Bedeutung, um Selbstverantwortung und Selbstentwicklung aller beteiligten Fachkräfte zu fördern und nicht zu behindern, um Verlockungen zu widerstehen, ihnen die Regie im eigenen Spiel aus der Hand zu nehmen, und um allen Menschen mit ihren innersten Motiven und Anliegen respektvoll zu begegnen.

Hier haben wir Zitate aus Schriften von Ruth Cohn zusammengestellt in der Hoffnung, dass sie neugierig machen auf mehr:

„TZI stellt einen zeitgenössischen Ansatz dar, die unpersönliche Welt der Massenerziehung und Massenkommunikation zu personalisieren. Sie strebt danach, dem einzelnen zu helfen, seine sinnliche Wahrnehmung, sein Fühlen und Denken zur Entfaltung zu bringen, und auch in Arbeitsbeziehungen Menschen nicht zu verdinglichen. Auch sachliche Aufgaben können und sollten nicht als menschlich sinnlos erlebt werden müssen." (Cohn 1975/1993, S. 20)

„Ich möchte Menschen, die all dieses Leid nicht wollen, ermutigen, nicht zu resignieren und sich ohnmächtig zu fühlen, sondern ihre Vorstellungskräfte und Handlungsvermögen einzusetzen, um sich solidarisch zu erklären und zu verhalten, solange wir selbst noch autonome Kräfte in uns spüren. – Das ist das Eigentliche, was ich mit TZI möchte." (Cohn 1975/1993, S. 32)

Humanismus ist: „Zu wissen, daß ich zähle, zu wissen, daß du zählst. Zu wissen, daß jeder Mensch zählt, ob schwarz, weiß, rot, gelb oder braun. Die Erde zählt. Das Universum zählt. Mein Leid zählt. Dein Leid zählt." (Cohn 1975/2018, S. 109)

„Das Gebot: ‚Du sollst nicht töten' heißt: ‚Du sollst das Leben fördern'." (Cohn)

„Ich kümmere mich um meine Angelegenheit, ich bin ich; Du kümmerst Dich um Deine, Du bist Du. Die Welt ist unsere Aufgabe; sie entspricht nicht unseren Erwartungen. Doch wenn wir uns um sie kümmern, wird sie sehr schön sein, wenn nicht, wird sie nicht sein." (Cohn 1975/2018, S. 101)

„Eine Gruppe wird nicht dadurch gestärkt, daß Personen ihre Individualität aufgeben, sondern dadurch, daß diese sich in der jeweiligen Gemeinschaft aktualisieren. Jeder Mensch verwirklicht sich in der Beziehung zu den anderen und in der Zuwendung zur Aufgabe." (Cohn/Matzdorf 2007, S. 71)

„Ich glaube, dass Selbsteinschätzung, Selbstgefühl, ein Gefühl für einen selbst und ein Gefühl für andere zu haben, gelernt werden muss wie jeder Beruf." (Cohn 1993, S. 151)

„Themenzentrierte Interaktionsgruppen für Lehrer – das ist eine Art zu lehren, wie man unterrichten kann, so dass man die Kinder als ganze Personen sieht, und nicht nur als Notenfabrikanten. Und die Lehrerinnen und Lehrer können sich auch als Menschen fühlen, die mit vielen Kindern zusammen sind und noch mehr wollen als nur einen Stoff lehren." (Cohn 1993 S. 72)

„Ich glaube, man kann keinen Menschen je überzeugen. Man kann nur die eigene Meinung immer wieder aussprechen und Situationen schaffen, in denen diese Meinung gehört wird und man selbst authentisch seinen eigenen Werten gemäß lebt. Was der andre mit dieser Meinung macht, steht nicht in meiner Macht." (Cohn 1993, S. 120)

„TZI war für mich von Anfang an der Ausdruck einer Idee, daß es doch so etwas geben müsse, was wir mitten im Grauen der Welt tun könnten – ihm etwas entgegenzusetzen, kleine Schritte, kleine winzige Richtungsänderungen [...] Ich hatte den Wunsch, eine Bewußtwerdung – wie die Analyse sie einzelnen Menschen ermöglichte – vielen Leuten zugänglich zu machen und vor allem, Kinder und Eltern zu erreichen [...] Ich habe damals nicht geglaubt und glaube auch heute nicht, daß menschliche Grausamkeit ein unbekämpfbares Naturgesetz ist, sondern eher eine noch nicht gebrochene Kette von Frustrierung und Dagegenschlagen. Ich glaube nicht, daß es ein Naturgesetz ist, daß Flüchtlinge ins Meer geschüttet werden müssen und Millionen von Kindern verhungern sollen." (Ockel/Cohn 1981, S. 256)

„Mein Lieblingsthema ist: Was mache ich mit mir, wenn der andere nicht so ist, wie ich ihn haben möchte?" (Cohn 1993, S. 106)

„Du kannst keine Schulstunde halten, ohne ein bißchen gegen die Institution zu verstoßen." (ohne Quelle)

„Ich glaube, daß Kinder und Erwachsene ‚etwas leisten' wollen. Ich glaube, daß das Wort ‚Leistungsdruck' aufkam, nicht weil Leistung an sich gehaßt wird, sondern fremd-verlangte Leistung" (Cohn 1993, S. 156)

„Ich bin nicht allmächtig, ich bin nicht ohnmächtig, ich bin partiell mächtig." (Cohn/Farau 1993, S. 359)

3.3 Die wertschätzende Erkundung *(Appreciative Inquiry)*

> *„The real voyage of discovery consists not in seeking new landscapes, but in having new eyes."*
>
> (Die wahre Entdeckungsreise besteht nicht darin, neue Landschaften zu erkunden, sondern sie mit anderen Augen zu sehen.)
>
> Marcel Proust

Ein wirkungsvoller Dialog- und Partizipationsansatz, der dem Konzept und der Idee zu diesem Buch zugrunde liegt, ist *Appreciative Inquiry* (AI).[3] Dieser Ansatz wurde von David Cooperrider, Diana Whitney und Kollegen seit den 1980er-Jahren erarbeitet und weiterentwickelt. Das Kernstück von AI, das wertschätzende Partner- bzw. Partnerinneninterview entstand in dieser Zeit im Rahmen der Forschungsarbeiten für die Dissertation von David Cooperrider. Anstatt wie bisher üblich nach Stärken und Schwächen in der Organisation zu fragen, fokussierten die Interviews ausschließlich auf die Analyse von Gelingensfaktoren, die die Organisation erfolgreich werden ließen. Die Effekte waren so überzeugend, dass aus diesen Anfängen schnell eine Theorie und eine Struktur für Organisations- und Teamentwicklungsprozesse wurde. Organisationen können von ihren Erfolgen lernen – ihren positiven Abweichungen – in Zeiten, als Mitarbeitende, Prozesse und die ganze Organisation Hochleistungen erbrachten (vgl. Cooperrider 2010). Diese Change-Philosophie und dieser Ansatz regen zu lebendigen Dialogen darüber an, was in Organisationen bzw. Teams gut funktioniert, und deckt auf diese Art und Weise das bisher unbeachtete Potenzial auf und die ungenutzten Stärken. Mithilfe des *Appreciative-Inquiry*-Ansatzes können Führungskräfte ein schöpferisches Umfeld schaffen, das von gegenseitigem Vertrauen, positiver Energie und einer hohen Aufgeschlossenheit für Innovationen, neue Chancen und künftige Handlungsmöglichkeiten geprägt ist.

> Obwohl dieser partizipative, stärken- und innovationsorientierte Ansatz der Team- und Organisationsentwicklung nicht die „übliche" und gewohnte Herangehensweise ist, sind wir davon überzeugt, dass diese Verschiebung der Sichtweise den Kern jener dialogorientierten Führung ausmacht, die aus einem Team bzw. einer Organisation das Beste herausholen kann. Auch im Wertschätzenden Qualitätsdialog steht deswegen die Förderung von Teamdialogen im Zentrum, die stärkenorientierter, produktiver und ko-konstruktiver sind.

3 Wir verwenden in der Anwendung im Wertschätzenden Qualitätsdialog den Begriff „wertschätzende Erkundung".

„Appreciation" – *Wertschätzung und Anerkennung geben*

Wir Menschen sind auf gegenseitige Resonanz, Anerkennung und Kooperation angewiesen. Das hat auch die neurobiologische Forschung bestätigt. Joachim Bauer beschreibt die Verbindung wie folgt: „Kern aller menschlichen Motivation ist es, zwischenmenschliche Anerkennung, Wertschätzung, Zuwendung oder Zuneigung zu finden und zu geben" (Bauer 2006, S. 36). Mit diesen Ergebnissen aus der Neurobiologie werden die Grundannahmen der humanistischen Psychologie und auch die weiter oben beschriebene Interdependenz bestätigt. Zudem unterscheidet es sich deutlich von dem naturwissenschaftlichen Menschenbild, das von einem angelegten Antrieb von Konkurrenz und Kampf ausgeht, unter dem Solidarität und Gemeinschaftsgefühl verloren gehen. Die Effekte einer an Wettbewerb orientierten Gesellschaft, die Gewinner bzw. Gewinnerinnen und Verlierer bzw. Verliererinnen produzieren, sind uns allzu gut bekannt. Förderlicher scheint das „Prinzip Menschlichkeit" (vgl. Bauer 2006) zu sein: Der soziale Zusammenhalt wächst umso mehr, je intensiver der Austausch von wertschätzenden und anerkennenden Interaktionen ist.

„Inquiry" – *Erkundung und Entdeckung*

Der Entdecker oder die Entdeckerin stellt Fragen und bewahrt sich eine Haltung des offenen Interesses und der Neugier. Es geht darum, wirklich zu verstehen, Neues zu erfahren und die Sicht des Gegenübers zu erkunden. Dabei geht es nie um richtig oder falsch und die letztgültige Antwort und Gewissheit.

AI ist die kooperative und koevolutionäre Suche nach dem Besten in den Menschen, ihrer Organisation und deren Kontext/Umfeld. Es geht um die Erkundung der Faktoren, die ein soziales System stark und vital werden lassen, wenn es optimal handlungsfähig ist. AI verändert die Art und Weise, auf die Fragen gestellt werden, Fragen, die helfen, das eigene Potenzial zu sehen, zu verstehen und auszubauen. Die Erkundung der eigenen Praxis findet durch unerwartete, manchmal überraschend positive Fragen statt, die an möglichst alle Mitglieder einer Organisation gerichtet werden.

AI basiert auf der schlichten Annahme, dass es in jeder Organisation etwas gibt, das gut funktioniert, und dass diese Stärken der Ausgangspunkt für wertschätzende Geschichten des Gelingens sein können, um das darin liegende unentdeckte Potenzial entdecken und ausbauen zu können. Dieser positive Kern kann zum ersten Schritt eines positiven Wandels werden. Die Verbindung mit dem Gelungenen erzeugt Energie, Leichtigkeit und die Motivation, den gemeinsamen Traum Realität werden zu lassen.

AI lädt dazu ein, dieselben Dinge mit einem anderen, einem neuen Blick zu erkunden und zu betrachten, andere Fragen an den Gegenstand zu richten und ihn so anders zu entdecken. Dieser neue Blick ist nicht auf die Fehlerhaftigkeit fokussiert, sondern bewusst stärken- und ressourcenorientiert.

Wir können die Art der Kommunikation positiv verändern!

Üblicherweise gehen wir bei Qualitätsvorhaben so vor, dass wir zunächst die Realität erkunden, eine kritische Standortbestimmung vornehmen. So weit, so gut. Dieser Einstieg beeinflusst nun unwiederbringlich alles Weitere. Wir kreieren eine Story unserer Realität, die eben genau davon beeinflusst wird: von den Gesprächen, die wir führen, den Daten, die wir sammeln, den Fehlern, die wir aufdecken … es entsteht eine defizitorientierte Kommunikation („Problemhermeneutik"), die sich damit befasst, woran es mangelt, was fehlt und was eben nicht gut gelingt … gleichzeitig werden dabei all die Dinge übersehen, die bereits gut funktionieren. Die Stimmung des Teams wird im Laufe solcher Prozesse meist nicht besser, die Motivation zur ernsthaften Beteiligung sinkt, und kraftspendend sind solche Runden am allerwenigsten. Das Schwierigste aber ist: Das Team erfährt nichts über die vorhandenen Ressourcen und auch nichts darüber, wie es die Herausforderungen meistern könnte.

Die Methode der wertschätzenden Erkundung unterstützt dabei, einen ressourcenorientierten Blick einzunehmen und verändert den Fokus, indem von Anfang an anders gefragt wird:

1. Nach dem Besten der Vergangenheit
   - Was hat gut funktioniert? Was hat uns dabei am besten geholfen?
   - Wie haben wir ähnliche Herausforderungen in der Vergangenheit gelöst?
2. Nach dem Besten der Gegenwart
   - Was wissen wir schon? Wann taucht das „Problem" nicht auf?
   - Welche Ressourcen haben wir zur Verfügung, um weiterzukommen?
3. Nach dem positiven Zukunftsbild
   - Was ist unsere Vision? Wie sieht unser positives Zukunftsbild aus?
   - Was können wir hier und jetzt tun, um dies Wirklichkeit werden zu lassen?

Die acht Grundannahmen von Appreciative Inquiry

Die Tabelle 2 gibt einen kompakten Überblick über die acht Grundannahmen über soziale Systeme und Veränderungsprozesse, die der AI zu Grunde liegen. Mit diesen Grundannahmen können wir uns gut identifizieren. Sie waren deshalb handlungsleitend für die Entwicklung der Struktur und der Kultur des Wertschätzenden Qualitätsdialogs.

Tabelle 2: Prinzipien von *Appreciative Inquiry*

Prinzip	**Erläuterung**
1. Das Konstruktivistische Prinzip	*Worte schaffen Wirklichkeit!* • Realität ist eher subjektiv als objektiv. • Wir schaffen die Realität(en) mit unseren Worten und der Sprache.
2. Das Prinzip der Gleichzeitigkeit	*Fragen bewirken Veränderung!* • Fragen sind Interventionen. • Die Veränderung beginnt im Moment der ersten Frage.
3. Das Poetische Prinzip	*Wir können entscheiden, welche Geschichte wir erzählen!* • Organisationen sind wie Bücher, voll mit Geschichten zum Erkunden und Lernen. • Welche Geschichte wir wählen, macht einen Unterschied. Jede Situation kann auf verschiedene Weise gesehen und erzählt werden.
4. Das antizipatorische Prinzip	*Das Bild inspiriert zur Tat!* • Die Dinge entwickeln sich in Richtung des Bildes der Zukunft. • Je hoffnungsvoller und optimistischer das Bild der Zukunft ist, desto positiver sind die Aktivitäten in der Gegenwart.
5. Das positive Prinzip	*Positive Fragen führen zu positiver Veränderung!* • Große Veränderungen erfordern starke, positive Gefühle und stabile soziale Bindung zwischen den Beteiligten. • Diese lassen sich am besten durch positive Fragen, die den vorhandenen positiven Kern ansprechen, aktivieren.
6. Das Prinzip der Ganzheitlichkeit	*Ganzheitlichkeit bringt das Beste hervor!* • Vielfalt bringt das Beste der Menschen und der Organisation hervor. • Gemeinsames Arbeiten aller Stakeholder in Großgruppenmeetings lässt Kooperation und Kreativität am besten lebendig werden.
7. Das Prinzip der Tat	*Handeln „als ob" führt zu „Self-Fulfilling"* • Um Veränderung zu sehen, müssen wir „die Veränderung sein, die wir erleben wollen" (frei nach M. Ghandi). • Ein positiver Erkundungs- und Planungsprozess ermöglicht erste Erfahrungen mit dem erwünschten zukünftigen Zustand.
8. Das Prinzip der Freiwilligkeit	*Freie Entscheidungen setzen Motivation frei!* • Menschen sind engagierter und auch produktiver, wenn sie die Chance zur freien Entscheidung über ihren eigenen Beitrag (was und wie – nicht ob!) haben. • Entscheidungsräume unterstützen Selbstverantwortung und Commitment.

(Vgl. Whitney/Trosten-Bloom 2003, S. 54; Übersetzung der Autorinnen)

Der 4-D-Zyklus im AI-Prozess

Appreciative Inquiry interveniert, indem der Fokus auf kreative und innovative Gedanken und Prozesse gelegt wird und weniger auf die gewohnten Fehleranalysen und kritischem Umgang miteinander. Das 4-D-Modell[4] (siehe Abbildung 6) leitet den Prozess immer wieder auf den positiven Kern und fördert oft bisher nicht geahnte Lösungen zutage.

Am Beginn eines AI-Prozesses steht der strategische Fokus und die Entscheidung für das Entwicklungsthema *(Topic Choice).* Es soll ein Thema von Relevanz sein, attraktiv und motivierend, dessen Bearbeitung größtmögliche Wirkung auf die Weiterentwicklung der Organisation hat. Dann folgen die Schritte Erkundung und Wertschätzung dessen, was bereits da ist *(Discovery),* die Vorstellung der gemeinsamen Idee dessen, „was sein könnte" *(Dream),* die Gestaltung und Priorisierung der Ziele auf dem Weg dorthin

(Design) und abschließend die konkrete Maßnahmenplanung zur Umsetzung mit Verabredungen *(Destiny).*

Abbildung 6: *Appreciative Inquiry* 4D-Zyklus

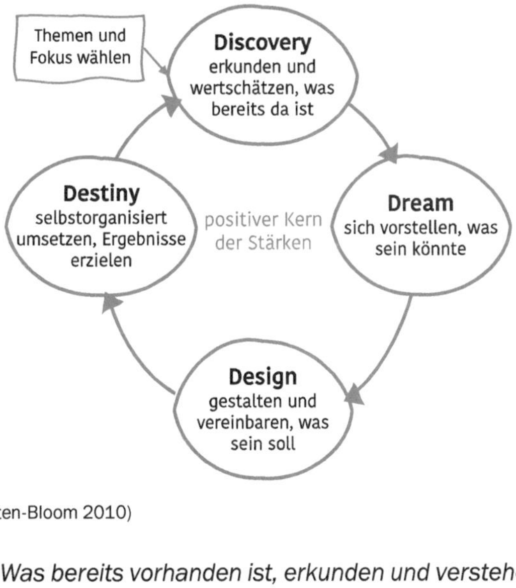

(vgl. Whitney/Trosten-Bloom 2010)

„Discovery" – *Was bereits vorhanden ist, erkunden und verstehen*

Die *Discovery*-Phase dient dem Erkunden des Besten, was das Team oder die Organisation bereits erreicht hat. Hier kommt die Kernmethode von AI, das wertschätzende Interview, zum Einsatz. In Tandems werden die „Perlen" und

4 Die vier D stehen für die englischen Begriffe *Discovery, Dream, Design* und *Destiny.*

Stärken erfragt und eingesammelt. Bei der Zusammensetzung der Tandems wird unterstützt, dass neue Kontakte entstehen und neue Perspektiven wahrgenommen werden können. Bei groß angelegten Prozessen können auch einige Mitarbeitende die Funktion von „Interviewern“ übernehmen und systematisch verschiedene Mitglieder der Organisation befragen. Das Ergebnis einer solchen vorgelagerten Erkundungsphase kann dann zusammengefasst in weitere Workshops und Arbeitsprozesse eingespeist werden. Bei eintägigen Workshops werden die Geschichten und Erfahrungen des Interviewpartners bzw. der Interviewpartnerin in Kleingruppen geteilt und gemeinsam untersucht, was man aus ihnen lernen könnte bzw. welche Rahmenbedingungen und Handlungen die Erfolge möglich gemacht haben. Der *positive Kern* des Teams oder der Organisation mit allen Erfolgsfaktoren und Gelingensbedingungen wird festgehalten, gerne auch visualisiert!

„Dream“ – *Sich vorstellen, was idealerweise sein könnte*

In der *Dream*-Phase geht es um die Entwicklung einer gemeinsamen Vision für die Zukunft: Wie soll sich die Organisation oder das Team in 5 oder 10 Jahren entwickelt haben? Welche Wünsche haben die Beteiligten für die gemeinsame Zukunft? Zunächst imaginiert jeder und jede für sich, im anschließendem Gruppengespräch entsteht dann das gemeinsame Zukunftsbild.

„Design“ – *Gestalten, was sein soll*

In der *Design*-Phase werden die kreativen Visionen gemeinsam in präzise Zukunftsaussagen gefasst. Zukunftsaussagen sind positiv und anspruchsvoll formuliert, sie beschreiben verständlich und nachvollziehbar den angestrebten Idealzustand. Sie sind die Leitbilder des Prozesses.

„Destiny“ – *Umsetzung planen*

In der *Destiny*-Phase wird nun geplant, wie die formulierten Zukunftsaussagen Realität werden können. Was wird konkret künftig sein? Was muss genau getan werden, welche Maßnahmen sollen ergriffen werden? Wer engagiert sich für welches Thema? Wie wird der Umsetzungsplan auch an Abwesende kommuniziert und später nachgehalten?

Es wird außerdem beraten, wie die positiven Absichten und die motivierenden Erlebnisse aus dem AI-Prozess im Alltag fortgesetzt werden können. Hier wird geplant, was zukünftig sein wird.

Die Ziele der vier Phasen des 4D-Zyklus im Überblick finden sich in Tabelle 3.

Tabelle 3: Phasen und Ziele im AI-Prozess

Phasen	Ziel
Discovery (Erkundung und Verstehen)	• Bewusstmachen und würdigen der Highlights. • Verbreiten positiver Geschichten. • Identifikation der Schlüsselfaktoren, die der Organisation Lebendigkeit und Erfolg bringen. • Verändern der Wahrnehmung weg vom „vieles gelingt nicht gut" hin zu „vieles gelingt schon gut". • Aufbau einer positiven und bejahenden Einstellung zu sich selbst, zum Arbeitsplatz und zu der Organisation. • Stärkung von Vertrauen und Mut für die Zukunft.
Dream (Visionieren)	• Vertiefung der Wünsche und Ziele für sich selbst und die Organisation. • Entwurf dessen, was sein könnte. • Motivation und Inspiration. • Lust auf die Zukunft wecken.
Design (Gestalten)	• Präzisieren der Ziele für die Zukunft. • Priorisieren dieser Ziele. • Vereinbarungen treffen.
Destiny (Umsetzen)	• Maßnahmen entwickeln. • Kommunikation der Ergebnisse in der Organisation sichern. • Fortsetzung des wertschätzenden Ansatzes von AI anstoßen.

(vgl. Maleh 2001)

Kernstück der Erkundung: Das wertschätzende Interview und die Qualität der Fragen

Diana Whitney, eine der Entwicklerinnen vom *Appreciative Inquiry,* sagte bei einem Vortrag einmal sinngemäß: „Was du fragst, bestimmt, was du herausfindest! Wer Probleme beforscht, wird etwas über Probleme lernen. Wer Lösungen und Erfolge betrachtet, lernt etwas über die Wege des Gelingens." Dies beeinflusse auch alle weiteren Gespräche und die gesamte Atmosphäre im Prozess. Diese Grundannahmen sind für uns so überzeugend, dass AI zur leitenden Methodik des Qualitätsdialogs wurde.

Das wertschätzende Interview ist deshalb die Kernmethode für die Erkundungsphase *(Discovery)* im Rahmen der internen Bilanz. Es wird anhand eines vorbereiteten Interviewleitfadens durchgeführt und dauert in der Regel 30 bis 60 Minuten. Die Teilnehmenden befragen sich im Tandem wechselseitig, hören als Interviewer bzw. Interviewerin aufmerksam zu und bringen die Kernaussagen der Partnerin bzw. des Partners anschließend in die Kleingruppe ein. Auf diese Weise organisiert das Verfahren, dass die Gedanken, Wünsche und Anliegen jedes und jeder Einzelnen ausgesprochen und auch aufgenommen werden können. In der Vorbereitungsphase wird der Entwicklung guter, stärkenorientierter Interviewfragen viel Aufmerksamkeit gewidmet.

„Die Basisversion des *Appreciative-Inquiry*-Interviews hat die folgende Grundstruktur:

Fragenblock 1: Wahrnehmung der Organisation

a) Erzählen Sie mir zu Beginn bitte von Ihrer Anfangszeit in unserer Organisation.

   Wann kamen Sie zu uns? Was hat Sie zu uns hingezogen?

   Was waren Ihre ersten Eindrücke und was hat Sie am Anfang begeistert, als Sie zu uns kamen?

b) Bitte erinnern Sie sich an einen Zeitraum, der für Sie ein echter Höhepunkt war. Eine Zeit, in der Sie besonders begeistert waren, sich wohl und lebendig fühlten, in der Sie sich vielleicht besonders gut einbringen und etwas in unserer Organisation bewirken konnten.

   Was ist da geschehen? Wer war dabei? Was ermöglichte dieses Erlebnis?

   Was können wir daraus lernen?

c) Was schätzen Sie besonders an sich, an Ihrer Arbeit und an unserer Organisation?

Fragenblock 2: Kernthemen

(Diese Fragen werden für den jeweiligen Fall entwickelt.)

Fragenblock 3: Zukunft der Organisation

a) Welches sind Ihrer Meinung nach die Schlüsselfaktoren, die unserer Organisation Vitalität und Kraft geben?

b) Wenn Sie unsere Organisation nach Ihren eigenen Vorstellungen weiterentwickeln oder radikal verändern könnten, welche drei Dinge würden Sie tun, um unsere Vitalität, unsere Kraft und unseren Erfolg nachhaltig zu steigern?

c) Es ist das Jahr 2010 und wir sind über unsere kühnsten Träume hinaus erfolgreich geworden. Wie hat sich unsere Organisation verändert?"

(Bonsen 2006, S. 138)

Der Interviewleitfaden wird stets an die jeweilige Situation der Organisation angepasst. Im Mittelteil enthält er meist Fragen zu so genannten Kernthemen, die im Veränderungsprozess näher untersucht werden. Im Wertschätzenden Qualitätsdialog liegt der Fokus hier jeweils auf dem Jahresthema nach einem der vier Aspekte Ich, Wir, Welt, Haltung; entsprechend gibt es auch vier unterschiedliche Interviewleitfäden (siehe Abschnitt 4.2).

Ziel des Interviews ist es, die individuell erlebten Erfolge und Höhepunkte zu entdecken. Es wird das stärkende Fundament gelegt, in dem das Team sich der eigenen Ressourcen bewusst wird und die Werte und Qualitäten der eigenen Organisation und ihrer Mitglieder erkennt. Weiter werden Wünsche, Träume und Ziele für die Zukunft geäußert und sehr konkrete Vorschläge für Veränderung und Weiterentwicklung beschrieben.

Die innere Haltung in dieser Erkundungsphase ist weniger die eines analytischen Forschers als die eines unbefangenen, anteilnehmenden und staunenden Menschen, mit der offenen Neugier und dem Entdeckergeist eines Kindes. Die ergänzenden Fragen des Interviewers fördern diese Haltung und unterstützen eine sehr konkrete, lebendige Erzählung (Tabelle 4 Spickzettel zur Durchführung.)

Tabelle 4: Spickzettel für das wertschätzende Interview

Spickzettel zur Durchführung

Das Interview ist zentrale Methode der wertschätzenden Erkundung der Qualität in Euren Einrichtungen. Es wird im Tandem jeweils 20–30 Minuten durchgeführt.

Aus den Erkenntnissen der ersten Fragephase werden die besonders positiven Erkenntnisse bzw. die „Gelingensbedingungen“ gewonnen. Dies ist das Fundament, auf dem die Arbeit steht und von dem aus für nächsten Schritte gegangen werden sollen.

Einige Hinweise für den*die Interviewer*in:

- Nehmt Euch Zeit und Ruhe, schafft eine innere Bereitschaft zum aufmerksamen Zuhören.
- Bleibe aufmerksam für die Themen des*der anderen und neugierig auf seine*ihre Erfahrungen und Gefühle.
- Zeige durch deine Körpersprache, dass du aktiv zuhörst (Blickkontakt, zugewandte Körperhaltung, Nicken, Lächeln …).
- Lass den*die Gesprächspartner*in ausreden, gönne ihm*ihr von Zeit zu Zeit ausreichend Pausen zum Nachdenken.
- Bitte halte deine eigene Meinung, Bewertung und Interpretation erst einmal zurück (Du findest damit ja auch noch Gehör.).
- Wenn du glaubst, etwas noch nicht ganz verstanden zu haben, frag nach.
- Kurze Notizen sind hilfreich und achte gezielt auf gute Geschichten und Zitate.
- Unterstütze die Erzählung durch offene Fragen:
  - »Wie wirkte das auf dich?«
  - »Weshalb war dir das so wichtig?«
  - »Was war dein eigener Beitrag?«
  - »Was haben andere dazu beigetragen?«
  - Was ist die Moral von der Geschichte?«

Eine Frage nicht zu beantworten ist okay! (Selbstverantwortung)

Appreciative Inquiry *arbeitet konsequent positiv und stärkenorientiert.*

Ausgehend davon, dass es in jeder Organisation etwas Funktionierendes gibt, wird erforscht, was dazu beigetragen hat, und dies entsprechend ausgebaut. Es ist eine Abkehr von der Defizitorientierung hin zu positiver Motivation.

Auch Peter Drucker, ein führender Managementberater und Autor, betonte bereits in seinen ersten Werken in den 1960er-Jahren die Notwendigkeit, in einer Organisation die Stärken produktiv zu bündeln. Es sei aus seiner Sicht wenig erfolgversprechend, an der Verringerung der Schwächen arbeiten zu wollen, man könne sie kaum beseitigen, wohl aber durch die Nutzung der Stärken kompensieren. Führung bedeute, Stärken zu stärken und Schwächen irrelevant zu machen. Führung beginne immer mit Selbstführung und damit, sich selbst zu (er)kennen und sich selbst anzunehmen in seinem einmaligen Wesen, mit den jeweiligen Stärken und Schwächen. Authentisch zu leben und zu arbeiten, bedeute, sich selbst treu zu bleiben, ohne ständig anderen Menschen oder einem abstrakten und rundum perfekten Idealbild nachzueifern.

„Die effektive Führungskraft baut auf Stärken auf. Sie weiß, dass Schwächen keine stabile Grundlage sind. Um Ergebnisse zu erzielen, müssen wir alle verfügbaren Stärken nutzen – die Stärken unserer Mitarbeiter, die Stärken unserer Vorgesetzten und unsere eigenen Stärken. Genau darin liegen unsere wahren Chancen. Stärken produktiv zu nutzen ist der einzige Zweck einer jeden Organisation. Natürlich können wir so die Schwächen nicht bezwingen, von denen wir alle zur Genüge besitzen. Aber wir können dafür sorgen, dass sie irrelevant werden. Die Aufgabe einer Organisation besteht darin, so von der Stärke des Einzelnen Gebrauch zu machen, dass sie einen Teil zur kollektiven Leistungsfähigkeit der gesamten Organisation beiträgt." (Drucker 2014, S. 71)

Die Nachteile der Defizitorientierung liegen auf der Hand:

- Niemand hat Freude daran, sich regelmäßig die eigene Unzulänglichkeit vor Augen zu führen. Motivation entsteht daraus nie.
- Die Stimmung und das allgemeine Wohlbefinden sinken.
- Reaktanz und defensive Verhaltensweisen werden aktiviert. Schuldzuweisungen, Frustration oder das schlechte Gewissen, es nicht „geschafft" zu haben, dominieren.
- Das Selbstbild des Teams wird immer negativer und resignativ: „Das schaffen wir nie …" Die Energie, sich für eine Veränderung einzusetzen wird insgesamt geringer.
- Rückzug und Spaltung des Teams sind oft die Folge.
- Der Blick für Erfolge ist verstellt, sodass aus diesen auch keine Motivation gewonnen werden kann.
- Alle Lösungen konzentrieren sich nur auf Behebung der Fehler und Mängel, um wenigstens wieder in den Bereich des Neutralen zu gelangen. Sie führen selten zu neuen, wirksameren Strategien.

Entwicklungsprozesse mit AI stärkenorientiert zu starten, hat folgende Vorteile:

- Die Beteiligten sind von Anfang an involviert und motiviert.
- Frusterlebnisse durch ständiges Kreisen um Probleme und Fehler bleiben aus.
- Überraschend oft entsteht ein gewandeltes, positives Selbstbild.
- Die eigenen Stärken und Potenziale des Teams bzw. der Organisation werden deutlich.
- Negative Äußerungen oder gar abwertende Aussagen über das Team, einzelne Kollegen bzw. Kolleginnen oder die Führungskraft werden relativiert und in einem neuen Licht betrachtet. (Perspektivwechsel)
- Das Wissen über gute Praxis in der Organisation wächst und gute Lösungen können übernommen werden. (Lernen der Organisation)
- Es entsteht ein positives Bild der Zukunft, das eine gute Basis in den bereits vorhandenen Stärken hat.
- Entlastung und Wohlbefinden entstehen dadurch, dass das Neue auf dem Bewährten aufbauen kann. Das Gute der Vergangenheit wird gewürdigt. Es lassen sich so Kränkungen vermeiden und Wertschätzung für bisher Geleistetes wird erfahren. (Es war eben nicht alles mangelhaft!)

AI bietet uns eine neue Perspektive auf unsere Welt

1. Worauf wir unsere Aufmerksamkeit richten, wird wachsen, egal ob positiv oder negativ
2. In jeder Situation und jeder Organisation, gibt es etwas, das funktioniert
3. Es ist immer einfacher, auf etwas aufzubauen, was man bereits hat bzw. kann, als bei null zu starten.
4. Change beginnt mit der ersten Frage, die gestellt wird. Also stelle diese mit Bedacht!
5. Menschen wie Organisationen verändern sich in die Richtung der Fragen, die gestellt werden, in die Richtung der Geschichten, die erzählt werden, und in die Richtung des Bildes der Zukunft, die man sich gemeinsam ausmalt.

4 Der Wertschätzende Qualitätsdialog und seine Verfahrensschritte

Worum es in diesem Kapitel geht

- *Welche Elemente gehören zum Wertschätzenden Qualitätsdialog?*
- *Was sind die Schritte im Verfahren?*
- *Welche Leitfragen und Materialien gibt es?*
- *Wie werden Kinder, Fachkräfte, Träger und Eltern einbezogen?*

Nachdem wir in den vorangegangenen Kapiteln den theoretischen Hintergrund und die Leitlinien dargestellt haben, an denen wir die Entwicklung des Wertschätzenden Qualitätsdialogs orientiert haben, wird nun der Wertschätzende Qualitätsdialog mit seinen Verfahrenselementen und Beteiligungsmöglichkeiten beschrieben. Das Besondere am Wertschätzenden Qualitätsdialog ist, dass er kein einmaliges Ereignis ist, sondern einen kontinuierlichen Qualitätsprozess in der Kita initiiert. Die auf einer Doppelseite dargestellte Abbildung 7 zeigt den gesamten Ablauf eines Jahres im Wertschätzenden Qualitätsdialog. In Abschnitt 4.1 werden die vier Aspekte unseres Verfahrens vorgestellt. Jedes Jahr bzw. jedes Kitajahr ist von einem neuen Aspekt geprägt, das heißt in jedem Jahr wird die Qualität aus einem unterschiedlichen Blickwinkel reflektiert und weiterentwickelt. Nach dem vierten Jahr wird wieder mit dem ersten Aspekt – der Haltung – begonnen. Im Wertschätzenden Qualitätsdialog legt das Kita-Team selbst seine Entwicklungsfelder fest, sodass sich im zweiten Zyklus keine bereits behandelten Themen wiederholen. Vielmehr ergeben die offenen Fragen neue Themen zu dem Aspekt, die dem jetzigen, aktuellen Entwicklungsstand der Kita entsprechen.

Damit eine Kita die vier Elemente durchlaufen kann, sie durch den Wertschätzenden Qualitätsdialog führen, gibt es auch einrichtungsübergreifende Workshops, die allen Beteiligten die nötige Verfahrenskenntnis vermitteln. Je Kita gibt es eine prozessverantwortliche Person – das muss nicht unbedingt die Kita-Leitung sein. Diese Ansprechperson verantwortet den Anmeldeprozess und nimmt am Kick-off-Workshop teil. Aus diesem Workshop nehmen die Teilnehmenden alle inhaltlichen und organisatorischen Informationen mit, die sie benötigen, um ihr Team auf das Verfahren vorzubereiten und um ihnen zu vermitteln, worum es beim jeweils aktuellen Aspekt geht. Am Peer-Workshop nehmen die Fachkräfte teil, die später als Teil einer Peergroup eine andere Kita besuchen. In diesem Workshop werden sie in Beobachtungsmethoden geschult und in den Methoden, die für die Wahrnehmung der Qualität aus Kindersicht eingesetzt werden. Um den Einsatz der Peers zu würdigen gibt es am Ende des Kitajahres eine Abschlussveranstaltung für die Peers. Dieser gemeinsame Abschluss dient dazu, dass die Fachkräfte reflektieren, was sie selbst aus ihrem Einsatz als Peer mitgenommen haben, der Rückmeldung an die Organisatorinnen und Organisatoren zur Verbesserung des Prozesses und schließlich zu feiern, was gemeinsam geleistet wurde.

Abbildung 7: Ablauf Wertschätzender Qualitätsdialog

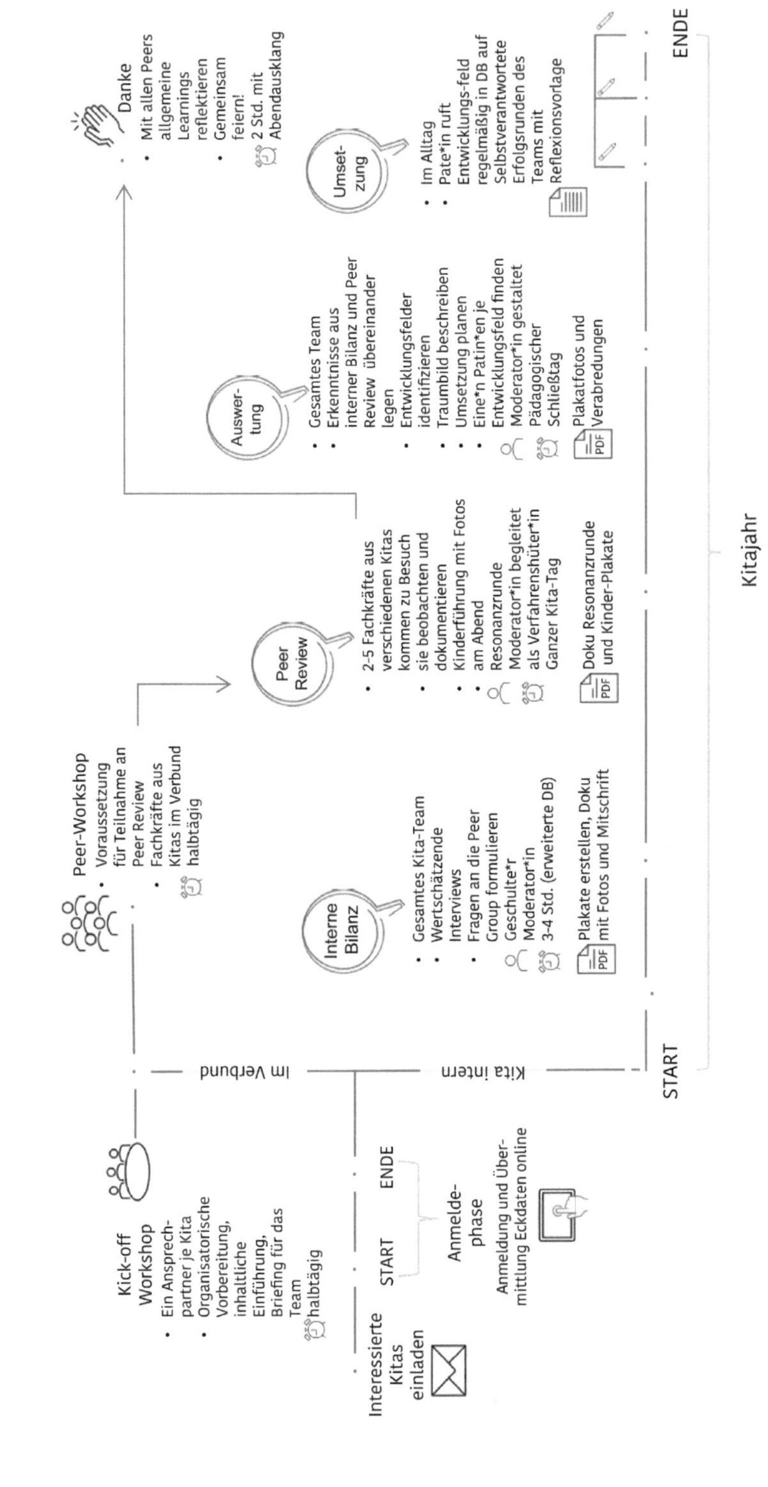

4.1 Die vier Aspekte des Verfahrens: Haltung, Ich, Wir und Welt

Wenn moderne Bildungspläne einerseits die Stärkung kindlicher Autonomie und gleichzeitig die Entwicklung der Fähigkeit zu sozialer Mitverantwortung zum Ziel haben, also personale und soziale Kompetenzen ausgebaut werden sollen, ist es nur sinnvoll, diese auch zum Ausgangspunkt für den Dialog über pädagogische Qualität zu machen.

Angeregt durch das Modell der Themenzentrierten Interaktion (siehe Abschnitt 3.2) sind die vier leitenden Qualitätsdimensionen *Haltung* (der „pädagogische Konsens“), *Ich* (mich kennen und mit mir klarkommen), *Wir* (die anderen entdecken und mit ihnen klarkommen) und *Welt* (in der Welt klarkommen und *diese* gestalten).

Die Urheberin der TZI Ruth Cohn wollte Wege aufzeigen, wie lebendiges Lernen und Lehren im Alltag möglich ist und wie Menschen üben können, ihre gemeinsamen Anliegen produktiv miteinander zu verhandeln. Dies zu lernen ist ein quasi lebenslanger Prozess, der in den Jahren der frühen Kindheit beginnt, über die Schulzeit fortgeführt und im Idealfall im Erwachsenenalter aktiv im Sinne der Selbsterziehung ausgebaut wird. Ziel ist mehr und mehr zu einer ausbalancierten Persönlichkeit zu reifen, die in allen vier Aspekten souverän ist. Der Qualitätsdialog lädt dazu ein, jeweils aus der Perspektive der Kinder sowie der Erwachsenen auf die folgenden vier Aspekte zu schauen (siehe Abbildung 8).

Abbildung 8: Die vier Aspekte im Wertschätzenden Qualitätsdialog

Der erste Aspekt des Wertschätzenden Qualitätsdialogs ist die Haltung.

Pädagogisch Tätige sind in ihrem Alltag regelmäßig mit unterschiedlichen Ansprüchen und Interessenlagen konfrontiert, die ihnen immer wieder Entscheidungen abverlangen. Im Spannungsfeld zwischen Kinderwünschen und -rechten, den berechtigten und auch unberechtigten Interessen und Ansprüchen der Eltern, dem öffentlichen Erziehungs- und Bildungsauftrag und den divergierenden Einstellungen im Team gilt es, den eigenen Standpunkt des pädagogischen Handelns immer wieder auszutarieren. Hierbei unterstützen Werte und Haltungen, sie geben Orientierung im Alltagshandeln. Die persönliche Haltung wird im Laufe der Biografie erworben und durch selbstreflexive Auseinandersetzung zu einer professionellen Haltung weiterentwickelt (Schwer/Solzbacher 2014, S. 40). Dieser Prozess beginnt in der Ausbildung zur pädagogischen Fachkraft und wird idealerweise weitergeführt bzw. im Team immer wieder aktualisiert.

Die persönlichen und pädagogischen Haltungen eines Menschen sind die Basis ihres professionellen Handelns. Der Begriff der Haltung ist besonders im pädagogischen Feld historisch betrachtet seit Langem und vielfältig diskutiert worden (vgl. Fiegert/Solzbacher 2014, S. 21f.). Es scheint unstrittig zu sein, dass es einer Haltung bedarf, was allerdings die „richtige" Haltung ist, bleibt sowohl theoretisch als auch empirisch noch weitgehend unbeantwortet. Es handelt sich um wünschenswerte Eigenschaften und Persönlichkeitsmerkmale, von denen erwartet werden kann, dass diese einen positiven Einfluss auf das pädagogische Handeln haben. Schwierig wären normative Setzungen, die eindeutig festlegen wollten, was denn die „richtige" oder „falsche" Haltung sei. Wenn also externe Definitionen und Setzungen nicht vorhanden und auch nicht sinnvoll sind, ist die interne Aufklärung dieser Fragen umso bedeutsamer und vermutlich auch der einzige Weg, um das blumige Konstrukt Haltung mit der eigenen Praxis zu verbinden.

Inhaltlich durchaus interessant ist die Definition des Begriffs Haltung im aktuellen Duden,

„Hal·tung /Háltung/

Substantiv, feminin [die]

1. Art und Weise, besonders beim Stehen, Gehen oder Sitzen, den Körper, besonders das Rückgrat, zu halten; Körperhaltung
‚eine gute, gebückte, gerade, aufrechte, [nach]lässige Haltung'

2a. innere [Grund]einstellung, die jemandes Denken und Handeln prägt
‚eine sittliche, religiöse, liberale, progressive, konservative Haltung'

2b. Verhalten, Auftreten, das durch eine bestimmte innere Einstellung, Verfassung hervorgerufen wird
‚eine mutige, entschlossene Haltung zeigen'

2c. Beherrschtheit; innere Fassung
‚feste Haltung zeigen, bewahren'

3a. Tierhaltung (…)

(Quelle: Duden, Online-Abruf 20.10.2020)

Kuhl/Schwer/Solzbacher sind der Haltungsfrage intensiv auf den Grund gegangen und bieten folgende umfassende Definition an:

> „Eine professionelle Haltung ist ein hoch individualisiertes (d. h. individuelles, idiosynkratisches) Muster von Einstellungen, Werten Überzeugungen, das durch einen authentischen Selbstbezug und objektive Selbstkompetenzen zustande kommt, die wie ein innerer Kompass die Stabilität, Nachhaltigkeit und Kontextsensibilität des Urteilens und Handelns ermöglicht, sodass das Entscheiden und Handeln eines Menschen einerseits eine hohe situationsübergreifende Kohärenz und Nachvollziehbarkeit und andererseits eine hohe situationsspezifische Sensibilität für die Möglichkeiten, Bedürfnisse und Fähigkeiten der beteiligten Personen aufweist" (Kuhl/Schwer/Solzbacher 2014, S. 107).

Die Haltung, so verstanden, ist der innere Kompass für die situativen pädagogischen Entscheidungen.

Haltungen kann man nicht lehren – erforderliche Kompetenzen schon. Die zitierten Autorinnen und Autoren führen weiter aus, dass es zur Realisierung der vorhandenen Werte, Einstellungen und Überzeugungen (= Haltungen) ein beschreibbares Set an objektiven personalen Kompetenzen geben müsse. Was nütze eine richtige Haltung den Fachkräften, wenn sie am Ende nicht über die erforderlichen fachlichen Kenntnisse oder Kompetenzen verfügten, um diese in pädagogisches Handeln umzusetzen. Es wird hier der nächste Schritt der Befassung mit dem Aspekt Haltung im Rahmen des Wertschätzenden Qualitätsdialogs angesprochen: Hat das Team sich über die geteilten, idealen Haltungen verständigt, schließt sich unmittelbar die Frage danach an, woran man diese im Alltag erkennen würde und was die Fachkräfte tun oder auch lassen müssten, um diese zu leben.

Abbildung 9: In der Internen Bilanz stellt das Team eine Szene dar, in der seine pädagogische Haltung sichtbar wird (Beispiel 1)

Abbildung 10: In der Internen Bilanz stellt das Team eine Szene dar, in der seine pädagogische Haltung sichtbar wird (Beispiel 2)

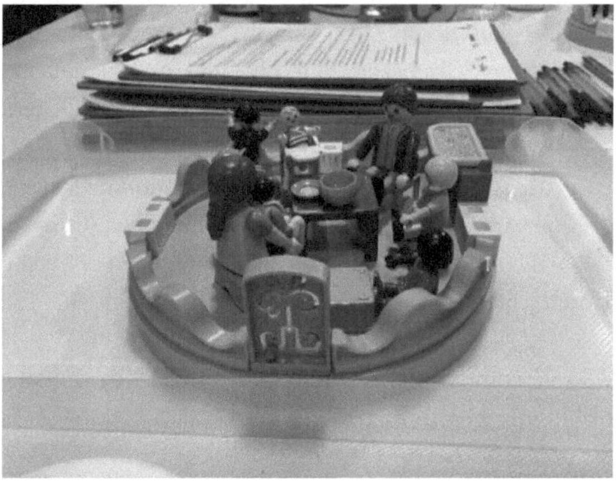

> Die Auseinandersetzung mit dem Aspekt *Haltung* hat folgende Wirkungen:
> - Die im Team geteilten Haltungen werden ausformuliert und ungeklärte Haltungen aufgespürt.
> - Gemeinsam wird feststellt, wo die Haltungen im pädagogischen Alltag erkennbar sind und ideal gelebt werden.
> - Das individuelle Handeln wird reflektiert.
> - Gemeinsam wird festgestellt, wo die Fachkräfte (einzeln und/oder als Team) ihr Handeln ändern wollen, um dem eigenen Idealbild noch mehr zu entsprechen.
> - Es wird erkundet, welche erforderlichen professionellen Kompetenzen vorhanden sind, um im Sinne der Haltungen agieren zu können, und gegebenenfalls werden individuelle oder gemeinsame Fortbildungsbedarfe benannt.
> - Ein für die Kita und das Team passender Veränderungsprozess im Sinne der Haltungen wird partizipativ und transparent geplant und gemeinsam umgesetzt.

Der zweite Qualitätsaspekt ist Ich – mit mir selber klarkommen

In der Umgebung der Kita können die Kinder sich selbst entdecken und erproben. Sie können ihre Grenzen kennenlernen und ausweiten, sich selbst im Umfeld anderer Individuen erleben und die eigene Gefühlswelt verstehen lernen. Hinter dem *Ich* verbirgt sich die Selbstentfaltung des Kindes und auch die der pädagogischen Fachkräfte in der Kita. Zu den Entwicklungsbereichen und Bedürfnissen der frühen Kindheit gehören Selbstwahrnehmung (zum Beispiel: „Ich kann meine eigenen Gefühle und Bedürfnisse wahrnehmen"), Entwicklung (zum Beispiel: „Ich entdecke meinen Körper, meine körperlichen Fähigkeiten und kann mich vielfältig ausprobieren"), Selbstbestimmung (zum Beispiel: „Ich lerne Entscheidungen zu treffen und darf über mich selbst bestimmen") und Wohlbefinden (zum Beispiel: „Ich habe Zeit und Raum, um in Ruhe und für mich zu sein"). Auch hier bietet der Wertschätzende Qualitätsdialog keine Checkliste der Entwicklungspsychologie, wohl aber eine Auflistung der wichtigsten Entwicklungsbereiche und Bedürfnisse der frühen Kindheit als Impuls für das Gespräch im Team (siehe Tabelle 5).

Tabelle 5: Einstieg in den Aspekt *Ich*

ICH: Entwicklungsbereiche und Bedürfnisse der frühen Kindheit

A Selbsterkenntnis
1. Ich kann meine eigenen Gefühle und Bedürfnisse wahrnehmen.
2. Ich kann meine eigenen Gefühle und Bedürfnisse regulieren.
3. Ich entwickle eine Beziehung zu mir selbst. (Individualität)
4. Ich entdecke mich in Abgrenzung zu anderen.
5. Ich kenne meine körperlichen Bedürfnisse.

B Entwicklung
1. Ich entdecke meinen Körper, meine körperlichen Fähigkeiten und kann mich vielfältig ausprobieren.
2. Ich entdecke meine ästhetischen Ausdrucksmöglichkeiten.
3. Ich bleibe neugierig und erkunde meine eigenen Grenzen.
4. Ich erlebe mich als kompetent und entdecke mein eigenes Können.
5. Ich habe Zeit und Raum, um meine Entwicklungschancen auszuleben.

C Selbstbestimmung
1. Ich habe einen Weg, mich auszudrücken.
2. Ich lerne, Entscheidungen zu treffen und darf über mich selbst bestimmen.
3. Ich kann meine Eltern loslassen.
4. Ich lerne, mit Frust umzugehen.
5. Ich erlebe mich als selbstwirksam.

D Wohlbefinden
1. Ich habe Zeit und Raum, um in Ruhe und für mich zu sein.
2. Ich fühle mich sicher, geborgen und wohl.
3. Ich erlebe mich in sicheren Bindungen zu den Erwachsenen.
4. Ich kenne meine sexuellen Bedürfnisse und Grenzen.

Ich weiß, wie ich mir Hilfe holen kann.

Die Auseinandersetzung mit dem Aspekt *Ich* hat folgende Wirkungen:
- Das Team vergegenwärtigt sich die Erkenntnisse der Entwicklungspsychologie bezüglich relevanter Entwicklungsbereiche und Bedürfnisse der frühen Kindheit.
- Gemeinsam wird festgestellt, wie das pädagogische Setting und die Räumlichkeiten diese Erfahrungen und Lerngelegenheiten im Bereich *Ich* konkret unterstützen.
- Das individuelle Handeln wird reflektiert.
- Gemeinsam wird festgestellt, wo die Fachkräfte (einzeln und/oder als Team) ihr Handeln ändern sollten und/oder welche Änderungen in der Raumgestaltung und Tagesstruktur hier förderlich sein können.
- Es wird erkundet, welche erforderlichen professionellen Kompetenzen vorhanden sind, und gegebenenfalls werden individuelle oder gemeinsame Fortbildungsbedarfe benannt.
- Ein für die Kita und das Team passender Veränderungsprozess im Sinne der Bildungsziele im Bereich *Ich* wird partizipativ und transparent geplant und gemeinsam umgesetzt.

Der dritte Qualitätsaspekt ist Wir: mit anderen klarkommen

Mit Eintritt in die Kita, haben die Kinder die Chance und die Herausforderung, die Bedürfnisse anderer Menschen wahrzunehmen und mit ihnen umzugehen. Sie steigen ein in das lebendige, vielfältige und aufregende Kommunikations- und Interaktionsgeschehen in Gruppen (Sozialisationsfunktion von Bildungseinrichtungen). Im Aspekt *Wir* ist der gesamte Bereich des sozialen Lernens angesprochen, wo es um die Entwicklung von Fähigkeiten wie Rücksicht, Konfliktfähigkeit und Empathie geht. Wichtig hierbei ist vor allem die Vorbildfunktion der pädagogischen Fachkräfte. Zum Einstig in das Gespräch mit dem Team wird zunächst überlegt, wer konkret zum *Wir* dieser Kita dazugehört. Die fünf Felder Interaktion, Partizipation, soziales Miteinander, Inklusion und Vielfalt sowie Geschlechterrollen bieten die inhaltliche Struktur für den weiteren Qualitätsdialog (siehe Tabelle 6).

Tabelle 6: Einstieg in den Aspekt Wir

Reflexionsimpulse WIR
Interaktion Wie fördern wir Achtsamkeit im Umgang miteinander? Wie stehen wir zu Regeln, Manieren, Höflichkeit und Umgangsformen? Wie informieren und sprechen wir mit Eltern?
Partizipation Was verstehen wir unter Partizipation im Miteinander des Kitaalltags? Wie kommen wir zu Entscheidungen? Wie sind Eltern in Entwicklungs- und Entscheidungsprozesse einbezogen?
Soziales Miteinander Was erwarten wir im Hinblick „Gruppenfähigkeiten" wie Zuhören, Konfliktfähigkeit, Nachgeben, Kompromissfähigkeit etc.? Wie ermöglichen wir die Entwicklung dieser Fähigkeiten? Was sind die Erwartungshaltungen der Eltern?
Inklusion & Vielfalt Welches Verständnis haben wir von Inklusion? Wie vielfältig sind die Menschen in unserer Kita und wie gehen wir damit um?
Geschlechterrollen Was schreiben wir den Kindern an Eigenschaften, Fähigkeiten und Interessen mit Bezug zu ihrem Geschlecht zu? Wie gehen wir mit „Stereotypen" um? Welche Möglichkeiten haben die Kinder sich hiervon unabhängig zu erfahren?

Die Auseinandersetzung mit dem Aspekt *Wir* hat folgende Wirkungen:

- Das Team überlegt gemeinsam, wer zum *Wir* dieser Kita dazugehört
- Das Team erkundet gemeinsam, welche Erfahrungen Kinder in der Gruppe machen können und welche sie machen sollten.
- Gemeinsam wird festgestellt, wie das pädagogische Setting und die Räumlichkeiten diese Erfahrungen und Lerngelegenheiten im Bereich *Wir* konkret unterstützen.
- Das individuelle Handeln wird reflektiert.
- Gemeinsam wird festgestellt, wo die Fachkräfte (einzeln und/oder als Team) ihr Handeln ändern sollten, um das ideale Entwicklungsumfeld zu gestalten.
- Es wird erkundet, welche erforderlichen professionellen Kompetenzen vorhanden sind, um im Sinne der Haltungen agieren zu können, und gegebenenfalls werden individuelle oder gemeinsame Fortbildungsbedarfe benannt.
- Ein für die Kita und das Team passender Veränderungsprozess im Sinne der Haltungen wird partizipativ und transparent geplant und gemeinsam umgesetzt.

Der vierte Qualitätsaspekt ist Welt: in der Welt klarkommen und diese gestalten

Zu diesem Aspekt gehört zunächst das gesamte Sachwissen (mathematische Bildung, naturwissenschaftlich-technische Bildung, ökologische Bildung, Schriftkultur, Medien).

Hinzu kommt das Kennenlernen der Welt außerhalb der schon bekannten Räume und das Sich-darin-Zurechtfinden, sich also im Sozialraum und der Welt außerhalb der Kita zu bewegen und zu entdecken, was im Stadtteil los ist. Grundformen demokratischer Bildung und Erfahrungen mit Aushandlungsprozessen und Entscheidungen zur gemeinsamen Gestaltung der (Um-)Welt gehören ebenfalls dazu.

Tabelle 7: Einstieg in den Aspekt Welt

Unsere Perspektive WELT im Qualitätsdialog

Im Qualitätsdialog nehmen wir unterschiedliche Perspektiven ein, um die päd. Arbeit zu reflektieren

Die Perspektive WELT betrachtet insbesondere diese Fragen:

1. Unser Sozialraum – Einbeziehung dessen, was sich um unsere Kita herum befindet.
2. Was tun wir, um die Sachwelt um uns herum zu verstehen?
   - Materialien, naturwissenschaftliche Phänomene, Zusammenhänge
3. Verantwortung für die Welt – Verständnis für Nachhaltigkeit, ökologische und soziale Zusammenhänge

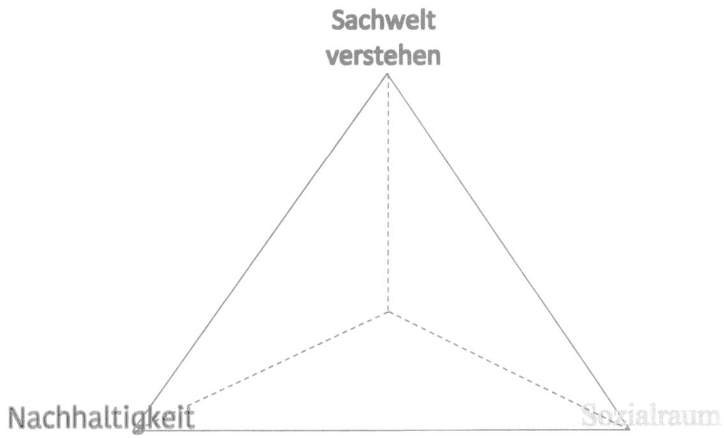

Die Grafik in Tabelle 7 zeigt dem Team unser Verständnis des Aspekts *Welt* auf. Um eine eigene Verortung der Kita in der Welt zu erarbeiten, arbeiten wir mit einer visuellen Methode, der egozentrierten Netzwerkanalyse (siehe Abbildung 11). Im Zentrum steht die Kita, darum herum sind konzentrische Kreise abgebildet, die Nähe und Distanz ausdrücken. Das Team entscheidet selbst, welche Bedeutung sie Nähe und Distanz geben, dabei spielt nicht nur der räumliche Abstand eine Rolle. Viele Teams entscheiden sich zum Beispiel dafür, eine Institution oder Person einen Platz im inneren Kreis zu positionieren, die zwar räumlich entfernt ist, aber einen häufigen oder bedeutsamen Kontakt darstellt.

Abbildung 11: Egozentrierte Netzwerkanalyse

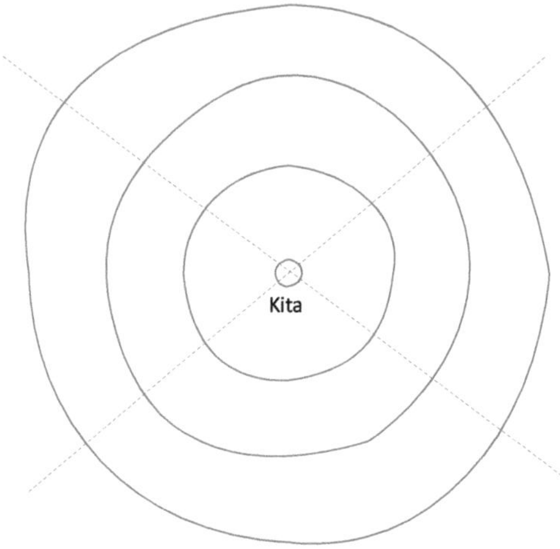

Die Auseinandersetzung mit dem Aspekt *Welt* hat folgende Wirkungen:

- Das Team erkundet gemeinsam, welche Erfahrungen Kinder im Bereich *Welt* machen können und welche sie machen sollten.
- Gemeinsam wird feststellt, wie das pädagogische Setting und die Verbindung mit dem Sozialraum/der Nachbarschaft diese Erfahrungen und Lerngelegenheiten im Bereich Welt konkret unterstützen.
- Das individuelle Handeln wird reflektiert.
- Gemeinsam wird festgestellt, wo die Fachkräfte (einzeln und/oder als Team) ihr Handeln ändern sollten, um das ideale Entwicklungsumfeld im Bereich *Welt* zu gestalten.
- Es wird erkundet, welche erforderlichen professionellen Kompetenzen vorhanden sind, um im Bereich der Erschließung der Welt agieren zu können, und gegebenenfalls werden individuelle oder gemeinsame Fortbildungsbedarfe benannt.
- Ein für die Kita und das Team passender Veränderungsprozess wird partizipativ und transparent geplant und gemeinsam umgesetzt.

- Zu den vier Aspekten als Qualitätsrahmen geht mir Folgendes durch den Sinn …

HALTUNG	ICH
WIR	WELT

4.2 Die vier Elemente des Verfahrens

Der Wertschätzende Qualitätsdialog besteht aus vier Elementen, die im Folgenden beschrieben werden.

Der Qualitätsdialog führt die Kitas im Laufe eines Jahres durch einen Qualitätsprozess, der mit einer internen Bilanz des Teams beginnt. Ergänzt wird diese Selbstwahrnehmung durch einen eintägigen Besuch von Fachkräften aus anderen Einrichtungen im Peer-Review mit Resonanzrunde. Im anschließenden Auswertungsworkshop werden auf Basis der Erkenntnisse dieses Auftakts vom Gesamtteam Entwicklungsthemen, Ziele und Maßnahmen der Qualitätsentwicklung abgeleitet und in der verbleibenden Zeit des Kitajahres umgesetzt. Die Umsetzung wird in so genannten Erfolgsrunden reflektiert. Am Ende des Jahres steht eine gemeinsame Bilanz des Teams zum erreichten Stand, zur Würdigung und zu Verabredungen zum weiteren Vorgehen (siehe Abbildung 12).

Abbildung 12: Elemente des Wertschätzenden Qualitätsdialogs

> Eine ausführliche Beschreibung des Wertschätzenden Qualitätsdialogs und einen Einblick in viele Praxismaterialien finden Sie in den vier Abschnitten 4.2.1 bis 4.2.4. Weitere Materialien und Hinweise zur Durchführung des Verfahrens in der eigenen Einrichtung finden Sie unter www.Qualitätsdialog.de.

4.2.1 Interne Bilanz

Die interne Bilanz ist das erste Element des Qualitätsdialogs und somit der Anlass, zu dem erstmals das gesamte pädagogische Team einer Kita mit dem Verfahren in Berührung kommt. Dieses Element dient der internen Evaluation, das heißt der Reflektion der eigenen pädagogischen Qualität. Im Zentrum der internen Bilanz steht das wertschätzende Interview. Es ermöglicht jedem Teammitglied einzeln und dem Team als Ganzes die Erkundung der gelebten Praxis.

Für die interne Bilanz sind mindestens drei Stunden einzuplanen („erwartete Dienstbesprechung"); sie kann aber auch erweitert werden und dann einen ganzen Tag füllen.

Ziele der internen Bilanz

- Das Team hat sich mit dem Aspekt des aktuellen Kitajahres beschäftigt und hat für sich entdeckt, welche Fragen an die Qualität sich aus dieser Perspektive ergeben.
- Das Team hat die eigenen Stärken, Erfolge und Potenziale aus der Vergangenheit und der Gegenwart erkundet. Das Team hat analysiert, was die Basis des bisherigen Erfolges ist.
- Die Kita ist auf das Peer-Review vorbereitet. Das Team hat zwei bis drei offene Fragen entwickelt, die sie der Peergroup für die Beobachtung mitgibt.

Ablauf der internen Bilanz

Das gesamte pädagogische Team einer Einrichtung nimmt an der internen Bilanz teil. Sie wird durch eine Person moderiert und gestaltet, die im Verfahren des Wertschätzenden Qualitätsdialogs geschult ist. Die interne Bilanz kann in einer erweiterten Dienstbesprechung durchgeführt werden; es sind drei, besser noch vier Stunden einzuplanen. Die interne Bilanz kann auch einen gesamten Tag füllen; wenn allerdings nicht viele Schließtage zur Verfügung stehen, so ist es wichtiger, den Schließtag für den Auswertungsworkshop einzusetzen. In der kurzen Variante sind mindestens drei Stunden einzuplanen. In Tabelle 8 wird der Zeitablauf in der vierstündigen Variante dargestellt.

Tabelle 8: Ablauf der internen Bilanz (mit Beispielzeiten)

Dauer	Tagesordnungspunkt
15 Min	Begrüßung & Check-in[5]
30 Min	Einführung in den Aspekt des Jahres
2 x 45 Min	Wertschätzende Interviews in **Tandems** mit Leitfragen
10 Min	Eigene Notizen sichten und vorbereiten, Ergebnisse
10 Min	Pause
25 Min	Austausch der Ergebnisse in **Kleingruppen**
30 Min	Gesamtergebnis zu zentralen Fragestellungen des Aspekts auf Plakaten („was uns ausmacht")
20 Min	Formulierung der Fragen für das Peer-Review
10 Min	Zusammenfassung & Abschlussrunde

Einführung in den Aspekt

Zu Beginn der internen Bilanz stimmt sich das Team auf den aktuellen Aspekt des Jahres ein. Im vorhergehenden Abschnitt werden die vier Aspekte *Haltung, Ich, Wir*und *Welt* beschrieben. Sie ermöglichen es, die pädagogische Praxis aus einer jeweils anderen Perspektive zu betrachten. Diese Hinführung zum jeweiligen Aspekt richtet das Mindset aus, mit dem die Teammitglieder in die wertschätzende Erkundung ihrer eigenen Praxis starten.

Das wertschätzende Interview als Kernmethode

Die Kernmethode der internen Bilanz ist in Anlehnung an *Appreciative Inquiry,* das wertschätzende Interview entstanden (siehe Abschnitt 3.3). Zu dieser besonderen Form der Erkundung zur Ausgangslage und den positiven Zukunftsbildern aller Teammitglieder gibt es zunächst einige Gesprächshinweise (siehe Tabelle 4 Spickzettel). Das Team bildet selbstständig Tandems für das wertschätzende Interview. Die Tandems bestehen idealerweise aus zwei Personen, die sich im Alltag weniger austauschen – unterschiedliche Gruppen, neues/altes Teammitglied, Krippe/Elementarbereich u. Ä. Die Tandempartner interviewen sich gegenseitig. Die Person, die interviewt, macht sich währenddessen reichlich Notizen, um die Ergebnisse im Anschluss vorstellen zu können. Für jeden Aspekt liegen passende Interviewleitfäden vor, die in den Tabellen 9 bis 12 dargestellt sind.

5 Wenn eine Kita neu in den WQD einsteigt, so wird die erste Phase verlängert und beinhaltet eine ausführliche Einführung in den Ansatz des WQD. Die Interne Bilanz wird dann zum *Basisworkshop* erweitert. Dieser Basisworkshop kann auch losgelöst von den anderen Elementen durchgeführt werden, etwa wenn eine Kita später in ein bestehendes Netzwerk des WQD einsteigt.

Tabelle 9: Interviewleitfaden *Haltung*

Interviewleitfaden zum Qualitätsaspekt Haltung

Mit diesem Interview steigen wir in die Ergründung der Kernfrage der pädagogischen Praxis ein: Haltung als Vorbedingung für pädagogische Qualität.

Wie begegnen wir den Kindern? Welche Haltung liegt unserer gemeinsamen Arbeit zugrunde?

Ihr werdet Euch anhand der Leitfragen zunächst im Tandem gegenseitig interviewen. Die wichtigsten Ergebnisse werden in Kleingruppen zusammengefasst.

I Einstiegsfragen

1. Warum bist du Erzieherin oder Erzieher geworden?
   - Was begeistert dich heute noch an diesem Beruf?
2. Was hat dich zu unserer Kita hingezogen? Was hat dich am Anfang beeindruckt oder begeistert?
3. Was sind deine Stärken, die du in unser Team einbringst?
4. Welche Stärken schätzt du an deinen Kolleg*innen?

II Haltungen im Team

1. Was bedeutet Haltung für dich?
2. Welche Bedeutung hat Haltung im pädagogischen Alltag?
3. Wie würdest du unsere gemeinsame pädagogische Haltung beschreiben?
   - Was ist typisch für unsere Kita?
4. Woran erkennst du im Alltag, dass die pädagogische Haltung gelebt wird?
   - Erzähle mir ein Erlebnis
   - An welchen Handlungen, Ideen, Projekten erkennt man „unsere Handschrift"?
5. Denke an eine gelungene Situation in der du und Kolleg*innen unterschiedlicher Meinung wart und dennoch im konstruktiven Gespräch geblieben seid.
   - Wie war diese Situation?

III Zukunftsfragen

1. Welche Haltungsfragen sind in unserer Kita klärungsbedürftig?
2. Wo würdest du dich konkret gerne einbringen?
   Traumfrage: Stell' Dir unsere Kita in einer Zeit vor, in der unsere Haltungsfragen geklärt sind und unsere pädagogische Haltung auch konsequent unser Handeln bestimmt.
   - Wie sieht der Alltag dann aus?
   - Wie fühlt sich das Arbeiten in unserer Kita an?

Tabelle 10: Interviewleitfaden *Ich*

Interviewleitfaden zum Qualitätsaspekt ICH

I Eröffnung mit einer konkreten Geschichte aus dem Kitaalltag
Denke an ein Kind in Eurer Kita und an einen besonderen Entwicklungsschritt, den es gemacht hat. Es war eine besondere, dich berührende Situation, es hat einfach vieles gestimmt, eine Sternstunde: Beschreibe den Weg des Kindes.

1. Um welches Kind geht es? Beschreibe möglichst konkret den Kontext.
   - Vor welcher Herausforderung stand das Kind?
   - Was war das Besondere an gerade dieser Entwicklung?
   - Wodurch wurde die Entwicklung ermöglicht?
2. Welche Rolle haben du oder die Kollegen*innen im Team gespielt? Was habt Ihr getan oder auch bewusst nicht getan?

II Fragen zur Kita als Erfahrungsraum für die Kinder

1. Welche Entwicklungsmöglichkeiten für ein Kind sind dir besonders wichtig?
2. Welche besonderen Entfaltungsmöglichkeiten ergeben sich aus dem gelebten Profil unserer Kita?
3. Wodurch fühlen sich die Kinder bei uns sicher, geborgen und wohl?
4. Was können wir ausbauen, damit die Kinder sich noch besser entdecken können? Was sollten wir unterlassen?

III ICH als pädagogische Fachkraft
So wie Kinder sich weiterentwickeln, bleiben auch wir Erzieher*innen nie stehen, sondern entwickeln uns persönlich und fachlich weiter.

1. Stell dir vor du hast genau den Raum, den du brauchst, um dich mit Freude weiterzuentwickeln. Du fühlst dich rundum wohl.
   Wie sind die Gegebenheiten? Was macht das Team? Was macht die Leitung?
2. Wir haben uns in diesem Interview darüber unterhalten, wie wir die Entwicklung der Kinder begleiten. Dahinter steckt aktuelles pädagogisches Fachwissen.
   In welchen fachlichen Bereichen kennt sich unser Team besonders gut aus?
   Wo könnten wir noch besser werden?
   Welche Themen oder Fortbildungen interessieren dich?

Tabelle 11: Interviewleitfaden *Wir*

Interviewleitfaden zum Qualitätsaspekt WIR

In diesem Interview geht es um verschiedene Seiten des Qualitätsaspekts WIR. Zum einen geht es um die Entwicklungsaufgaben im Bereich der Sozialkompetenzen und der Gruppenfähigkeiten der Kinder. Zum anderen werden Fragen zur Gemeinschaft und zum Miteinander der Erwachsenen gestellt. Es gibt wie immer nicht die richtige Antwort, sondern um das gemeinsame Bild, das durch die unterschiedlichen Wahrnehmungen und Sichtweisen entsteht.

A WIR – Kinder in der Kita

1. Manche Erfahrungen können Kinder nur in der Gruppe machen.
   - Was wünschst Du den Kindern, wo und wie sie das WIR erleben können?
   - Welche drei Dinge sollte jedes Kind entdecken und entwickeln können, um Gemeinschaft leben und aktiv gestalten zu können?
2. Als Erzieher*innen können wir Situationen, in denen Kinder Gruppenerfahrungen machen können, gezielt herbeiführen und gestalten. Berichte mir von einer Situation, in der die Kinder ein besonders schönes Gruppenerlebnis hatten.
   - Was war die Situation?
   - Wie habt Ihr sie unterstützt?

B Das Miteinander gestalten

1. Mit den nächsten Fragen möchte ich Dich einladen, Deine persönliche Haltung zu verschiedenen Schwerpunkten des Aspekts WIR zu reflektieren.
2. Suche Dir zwei der fünf Schwerpunkte zum Nachdenken aus!
   A: ______________________________
   Was ist dir in diesem Feld wichtig?
   Wo siehst du unsere Stärken?
   Wo hast du Fragen? Womit sollten wir uns später noch befassen?
   B: ______________________________
   Was ist dir in diesem Feld wichtig?
   Wo siehst du unsere Stärken?
   Wo hast du Fragen? Womit sollten wir uns später noch befassen?

C WIR – das Team in der Kita

Nun denke bitte an eine schöne, aktuelle Situation, in der Du den Team-Zusammenhalt in unserer Kita besonders gut spüren konntest. Das kann z. B. eine Herausforderung gewesen sein, bei der Du tolle Unterstützung vom Team erhalten hast, oder eine Sache, in der wir richtig gut Hand in Hand gearbeitet haben.

1. Welche Situation war das?
   Was hat Dir am Verhalten der Kolleginnen und Kollegen gut gefallen?
   Wie hat sich das angefühlt, sich als Teil eines guten Teams zu erfahren?
2. Was sind aus deiner Sicht unsere besonderen Stärken/Kompetenzen/Interessen im Hinblick auf die Förderung des „WIR“ unter den Kindern?

D WIR schließt auch die Eltern ein

(Stichwort: Erziehungs- und Bildungspartnerschaft)

Zum Abschluss möchte ich das Thema „Eltern“ ansprechen.

1. Beschreibe mir deine Idealvorstellung im Verhältnis zu den Eltern in unserer Kita?
2. Welche drei Gedanken gehen dir dazu durch den Kopf?

Tabelle 12: Interviewleitfaden *Welt*

Interviewleitfaden zum Qualitätsaspekt WELT

A WELT – Unsere Kita im Sozialraum

1. Welchen Ort bzw. welche Person in unserer Nachbarschaft suchst du mit den Kindern besonders gerne auf? Was gefällt dir dort? Welchen Wert hat dieser Ort bzw. diese Person für die Kinder?
2. Denke nun an einen Fan unserer Kita: Womit bereichern wir bzw. die Kinder den Stadtteil? Welches schöne Erlebnis würde er/sie berichten?
3. Denke an einen Tag, an dem wir mit Kindern in der Welt (außerhalb der Kita) unterwegs waren: der Tag war schön, An- und Abfahrt haben funktioniert – was hat diese „Reise" bereichert und zu einer schönen Erfahrung gemacht?

B WELT – Naturerfahrung/Entdeckend Lernen

1. Kinder sind in vielen Situationen als kleine Forscher aktiv, manchmal weil wir sie durch kleine Projekte darauf stoßen und manchmal weil sie von selbst neugierig Dinge erforschen und erproben. Dies kann in der kleinen Welt der Kita oder auch außerhalb geschehen.
2. Wofür interessieren sich unsere Kinder besonders? Wo sind sie besonders experimentierfreudig?
3. Denke an eine dieser Situationen, in der die Kinder sich besonders begeistert in die Forschung geworfen haben. Was war der Anlass? Was war das Besondere? Was haben die Kinder dabei gelernt? Welche Rolle haben wir bzw. hast du gespielt?

C WELT – Nachhaltige Entwicklung & soziale Verantwortung & Demokratie

Die Kinder in der Kita sind die Erwachsenen und Bürger von Morgen. Sie werden Verantwortung für die Mit-Welt tragen. Darauf bereiten wir sie vor.

1. Was macht dich optimistisch und zuversichtlich, dass gerade unsere Kinder unsere Welt zu einem besseren Ort werden lassen?
2. Wie sieht Umwelterziehung in unserer Kita aus?
   Welchen Beitrag zur Nachhaltigkeit leisten wir bereits?
3. Wo setzen sich in unserer Kita und Eltern gemeinsam für die Umwelt oder soziale Verantwortung ein? Erzähle mir bitte von einer gelungenen Situation.
4. Wir haben gerade viele Themen gestreift. Womit würdest du dich gerne vertiefend befassen? (→ Sammlung auf Karten)

Vielen Dank! ☺

Im Anschluss an die wertschätzenden Interviews und nach einer kurzen Vorbereitungsphase stellen sich die Tandempartner gegenseitig vor. Sie berichten in einer Kleingruppe: „Aus seinen/ihren Antworten ist mir besonders in Erinnerung geblieben …“, „Diese Stärken sieht sie/er …“, „Diese Chancen/ Fragen für Entwicklung sieht sie/er …“. Die Gruppe sammelt die Ergebnisse auf einem Flipchart und bringt diese Zusammenstellung mit ins Gesamtteam.

Ergebnisse aus der internen Bilanz

Die Teammitglieder aggregieren ihre Erkenntnisse aus den Interviews zu einem Gesamtbild. Darin erkennen sie sich als Kita wieder und visualisieren, was ihr Profil in Bezug auf den jeweiligen Aspekt ausmacht. Die Abbildung 13 zeigt ein Plakat, das ein Kita-Team zur gemeinsamen *Haltung* in der internen Bilanz erstellt hat.

Abbildung 13: Ergebnis einer internen Bilanz zur *Haltung*

Der letzte Arbeitsschritt in der internen Bilanz ist die Vorbereitung des Peer-Review. Alle überlegen sich Fragen für die Peergroup. Sie formulieren damit sozusagen die Beobachtungsaufträge zum Aspekt, die für ihre Kita relevant sind. Das Team reflektiert dadurch, in welchen Feldern sie sich weiterentwickeln möchten. Nachdem alle Teilnehmenden ihre Fragen auf Karten geschrieben haben, werden sie von der Moderatorin bzw. dem Moderator eingesammelt und geclustert, also thematisch sortiert. Das Team entscheidet gemeinsam, auf welches der möglichen Felder es einen Schwerpunkt legen möchte und wählt ein bis drei Beobachtungsfragen aus. Die Abbildungen 14 und 15 zeigen Fragen, die Kita-Teams ausgewählt haben.

Abbildung 14: Fragen an die Peergroup (Beispiel 1)

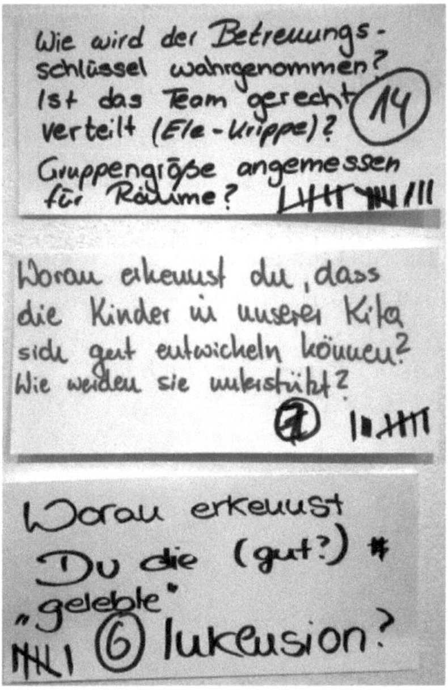

Abbildung 15: Fragen an die Peergroup (Beispiel 2)

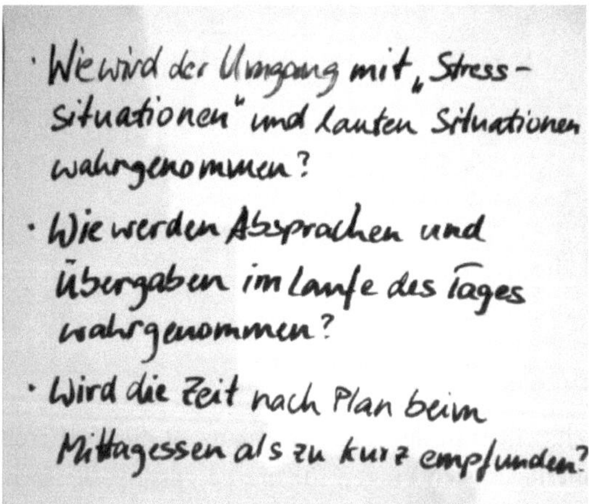

Die ausgewählten Fragen werden in den Beobachtungsbogen für das Peer-Review in der Kita aufgenommen. Vor dem „fremden“ Blick steht mit der internen Bilanz die interne Selbstreflexion, was die Selbstverantwortung für die Qualitätsentwicklung zusätzlich unterstreicht. Das Kitateam erhält eine Dokumentation der internen Bilanz, die alle Ergebnisse des Tages und Fotos der erstellten Plakate enthält.

- Wann wäre für uns der richtige Zeitpunkt zu beginnen?
- Wer ist in den Prozess einzubeziehen?
- Wie informiere ich die Beteiligten?

4.2.2 Peer-Review

Dieses ist das zweite der vier Elemente im wertschätzenden Qualitätsdialog. Das Peer-Review erfüllt die Funktion einer externen Evaluation. Der außenstehende Blick kommt dabei nicht von ausgebildeten Auditorinnen oder Auditoren, sondern von der Peergroup, das heißt von pädagogischen Fachkräften, die ebenfalls in der Kindertagesbetreuung tätig sind. Die Peergroup wird aus Fachkräften verschiedener Kitas zusammengesetzt, sie sind in der Regel untereinander (noch) nicht bekannt und auch nicht mit der besuchten Kita nicht vertraut.[6]

Ziele des Peer-Review

Mit dem Peer-Review werden drei Ziele erreicht:

1. Der besuchten Kita wird ein Blick in den Spiegel ermöglicht: Eine externe Peergroup erhält einen Einblick in die besuchte Kita und kann aus ihrer Wahrnehmung, Beobachtung und Dokumentation eine fachliche Rückmeldung zur pädagogischen Praxis geben.
2. Das Team der besuchten Kita erfährt, was die Kinder über ihre eigene Kita sagen und zeigen. Dadurch fließt in den Prozess ein, was Qualität in dieser Einrichtung aus Kindersicht bedeutet.
3. Das Team der besuchten Kita wird mit entwicklungsfördernden Fragen konfrontiert, die dazu führen, die eigene Praxis zu hinterfragen und über Handlungsalternativen ins Gespräch zu kommen.

6 Das Peer Review ist stark durch die langjährigen Erfahrungen des seit 1989 bestehenden Schulverbundes *Blick über den Zaun* inspiriert, der „Schulentwicklung von unten" betreibt. (www.blickueberdenzaun.de; Backhaus et al 2017)

Ablauf des Peer-Review

Der Tag des Peer-Review ist eine besondere Chance auf einen kompetenten und wertschätzenden Blick von außen. Dort, wo man selbst vielleicht betriebsblind ist und auch die Vergleichsmöglichkeiten fehlen, bekommt das Team Rückmeldungen und Anregungen für die eigene Arbeit. Eine Gruppe von zwei bis fünf Peers hospitiert einen Tag lang die Arbeit, besonders spannend ist dabei, zu erleben, wie die Kinder ihre Einrichtung vorstellen und was ihnen dabei besonders wichtig ist. Vielleicht gibt es auch Dinge, die ihnen nicht so gefallen, oder sie haben Ideen für Veränderungen. Alle Eindrücke werden gut notiert, stichpunktartig aufgeschrieben, mit Fotos dokumentiert und zum Tagesabschluss an das Team zurückgemeldet. Nun löst sich auch auf, was die Peers zu den vom Team vorab formulierten Beobachtungsfragen erlebt und gesehen haben. In der Feedbackrunde besteht auch die Chance, die Eindrücke und Annahmen der Besucher und Besucherinnen zu kommentieren und das Bild abzurunden. Was von den Rückmeldungen aufgenommen wird und was auch nicht, liegt wie immer beim Feedback in der Verantwortung der besuchten Kita.

Nicht nur die besuchte Kita profitiert vom Peer-Review. Für die Peers ist es eine schöne Gelegenheit, einmal über den Tellerrand der eigenen Kita hinauszuschauen und mit Kolleginnen aus ganz unterschiedlichen Kitas eine Peergroup zu bilden. Wie sehen andere Nutzungskonzepte aus? Wie ist der Kita-Alltag strukturiert? Welche Atmosphäre hat die Kita und wie wird dort mit den Herausforderungen des Alltags umgegangen? Auch wenn es primär um eine Art „kollegiale Dienstleistung“ für die besuchte Kita geht, kann jedes Mitglied der Peergroup am Besuchstag vielfältige und wertvolle Anregungen, Tipps und Ideen für die eigene Arbeit gewinnen. Zusätzlich werden der fachliche Austausch und die Vernetzung mit Kolleginnen und Kollegen gefördert, was auch über den Besuch der Peergroup hinausgehen kann.

Die Tabelle 13 zeigt den konkreten Ablauf des Peer-Review. Je nachdem, welcher der Aspekte *(Haltung, Ich, Wir* oder *Welt)* im betreffenden Jahr an der Reihe ist, gibt es leichte Veränderungen des Ablaufs.

Tabelle 13: Ablauf Peer-Review

Planzeit	Tagesordnungspunkt
8.00	Eintreffen in der Kita
8.20	**Beobachtung 1** – der Ankommenssituation (nur 1–2 Peers bzw. in Kita verteilen)
9.00/9.30	Morgenkreis, Peers werden vorgestellt und Kinder für die Führung ausgewählt
danach	**Kita-Führung** durch die Kinder (30–60 Minuten)
10.45	Peers: Auswertung der Führung (Arbeitsphase unter sich)
11.30	**Beobachtung 2** – Zum jeweiligen Aspekt des Jahres – Einschließlich Mittag – Fragen der Kita (siehe Doku-Bogen) beachten
ca. 12.30	Auswertung, Dokumentationsarbeit (Peergroup mit Mod)
	Pause! Mind. 30 Minuten
13.30	Collage mit ca. 10 Fotos und Kinderaussagen erstellen – Verständliche Karten, möglichst keine Fotos ohne Aussage – Den Kindern aus der Führung zeigen und ggf. ergänzen („Haben wir euch richtig verstanden?")
ca. 14.00	**Beobachtung 3** – Insbesondere Situationen/Gruppen/Orte, die in der bisherigen Dokumentation des Tages noch fehlen
16.00	Arbeitsphase der Peers: – Austausch zu Beobachtungen – Plakat „Blüten des Tages" entsteht – Vorbereitung der Resonanz an das Team – Absprechen, wer was präsentiert
17.00	Resonanzrunde – Plakate präsentieren – Wahrnehmung der pädagogischen Praxis berichten – Entwicklungsfördernde Fragen stellen – Austausch ist o.k., aber keine Diskussion um die Wertung von Beobachtungen
18.00	Ende

Die Peers werden mit Beobachtungsbögen und Tablets ausgestattet. Das Beispiel in Tabelle 14 zeigt einen Dokumentationsbogen, der für den ersten Aspekt *Haltung* im Wertschätzenden Qualitätsdialog eingesetzt wird. Zu beachten sind die letzten drei Fragen. Sie sind nicht standardisiert, sondern wurden von der besuchten Kita in ihrer internen Bilanz festgelegt.

Beobachtung

Die Peergroup läuft den gesamten Tag in der Einrichtung mit. Sie ist mit Klemmbrett und Beobachtungsbogen ausgestattet. So kann die Beobachtung bereits in der Situation dokumentiert werden und unterliegt am wenigsten dem Filter der Erinnerung der beobachtenden Person. Im Vorfeld wird geklärt, welche Bereiche der Kita von der Beobachtung ausgenommen sind, etwa weil sie persönliche Rückzugsräume von Teammitgliedern sind oder weil auf Eingewöhnungen in einer Gruppe Rücksicht genommen wird. Die Peergroup verzichtet in der Beobachtung auf persönliche Bewertung und Unterstellung von Motiven; es geht um eine Beschreibung der Situation und gibt wieder, was Personen tun, äußern und ausdrücken.

Wer die eigene Methodenkompetenz im Bereich „Beobachten und Dokumentieren im pädagogischen Kontext" erweitern möchte, findet dazu reichlich Literatur. Für eine Einführung empfiehlt sich beispielsweise von Georg Breidenstein et al. (2013): Ethnografie – Die Praxis der Feldforschung. Für die Beobachtung im frühpädagogischen Kontext empfehlen wir die Studie sogenannte *QuaKi-Studie* von Nentwig-Gesemann, Iris/ Walther, Bastian/Thedinga, Minste (2017).

Tabelle 14: Beobachtungs- und Dokumentationsbogen für den Aspekt *Haltung*

Dokumentationsbogen für das Peer-Review-Verfahren
Auf diesem Dokumentationsbogen gibt es Platz für deine Notizen.

Dein Name:
Besuchs-Kita
Name der Kita:
Name des Trägers:

Kita-Führung
Was möchtest Du dem Team aus der Führung berichten?
(Ergänzend zu den „Kinder-Aussagen")
[TEXTFELD]

Beobachtung
Beschreibe bitte eine Situation aus diesem Tag, die typisch für diese Kita sein könnte. Welche pädagogische Haltung zeigt sich für dich darin?
[TEXTFELD]
Hast du eine Situation wahrgenommen, in der unterschiedliche oder ungeklärte Haltungen der Pädagogen sichtbar wurden? Bitte beschreibe diesen Moment:
[TEXTFELD]

Wahlfragen der Kita
Fragen 1–3
[TEXTFELDER 1–3]
Das ist mir sonst noch aufgefallen:
[TEXTFELD]

Eine besondere Form der Beobachtung ist die Methode „Shadowing". Dabei folgt die Beobachterin oder der Beobachter mit ihrer bzw. seiner Wahrnehmung für einige Minuten gezielt einem einzelnen Kind. Die Beobachtung fokussiert dabei auf die Fragen:

- Was erlebte das Kind?
- Vor welcher Herausforderung stand es?
- Wurde es gesehen? In welchen Situationen wurde es nicht gesehen? Was hörte und sah es von den Erwachsenen?
- Welche Interaktionen hat das Kind mit anderen Kindern erlebt?
- Wie haben die Fachkräfte auf das Kind in welcher Situation reagiert?

Im Wertschätzenden Qualitätsdialog wird diese Methode in dem Jahr eingesetzt, wenn der Aspekt *Ich* an der Reihe ist. Shadowing ist darüber hinaus besonders für den Krippenbereich geeignet, wenn Kinder dort ihre Sicht noch nicht selbst verbalisieren können.

Qualität aus Kindersicht

Im Rahmen des Peer-Review erhält auch die Perspektive der Kinder auf die Qualität in ihrer Kita Einzug. Wir verwenden dafür die Methode der fotobasierten Kinderführung (vgl. Nentwig-Gesemann et al. 2017). In dieser Kinderführung zeigen zwei bis drei Kinder zwei Besuchern aus der Peergroup ihre Kita. Mit dem „Impulstext für die Kinderführung" (siehe Kasten) vermitteln die Peers, was sie sich von den Kindern wünschen.

Impulstext für die Kinderführung

„Könnt ihr uns die für euch wichtigsten Orte in der Kita – also Plätze, Räume, Ecken, und zwar drinnen und draußen – zeigen, an denen ihr hier eure Zeit verbringt, und uns erzählen, was ihr da so macht? Falls ihr irgendwann keine Lust mehr haben solltet, könnt ihr auch jederzeit aufhören. Damit wir uns besser erinnern können, was ihr uns gezeigt habt und wie das aussah, machen wir Fotos von dem, was ihr uns zeigt – ihr könnt uns gerne immer sagen, was wir fotografieren sollen. [...] Dann fangen wir an: Zeigt uns eure Kita – ihr bestimmt den Weg, wir folgen euch!" (Nentwig-Gesemann et al. S. 20)

Im Rahmen der Kinderführung werden Fotos aufgenommen und reichlich Notizen gemacht. Die Fotos werden vor Ort ausgedruckt. Die Peers erstellen ein Plakat, das Fotos aus der Führung enthält und ergänzenden Text auf Karten - möglichst Originalzitate der Kinder. Die Plakate (Abbildung 16 und

17) zeigen, was die Qualität dieser Kita aus Sicht der Kinder ausmacht[7]. Um verlässlich die Perspektive der Kinder abgebildet zu haben, lassen die Peers die Kinder das Plakat kontrollieren: „Haben wir euch richtig verstanden?". Die Kinder dürfen die Texte der Peers korrigieren und ergänzen.

Abbildung 16: Kinderführung: Kinder zeigen im Peer-Review ihre Kita

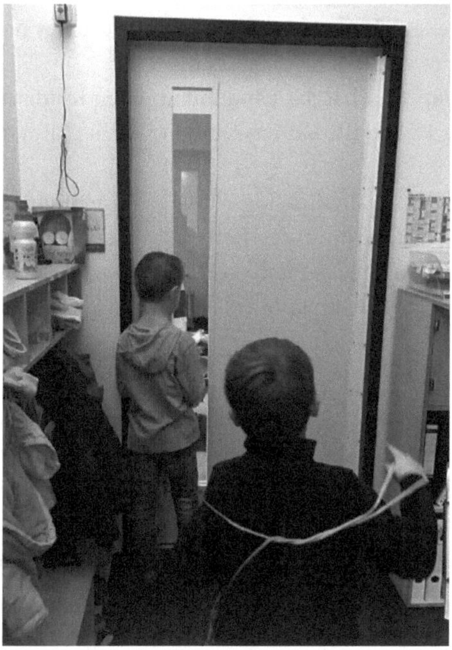

7 Eine vollständige Praxisanleitung für die fotobasierte Kinderführung nach Nentwig-Gesemann bietet der Methodenschatz II (vgl. Bertelsmann 2020).

Abbildung 17: Peers erstellen ein Plakat aus der Kinderführung

Ergebnisse aus dem Peer-Review

Der Tag des Peer-Review endet mit der Resonanzrunde in der Kita. Hierfür kommen Team und Peergroup zusammen. Die Moderation begleitet den Prozess, der Austausch soll jedoch zwischen Team und Peers stattfinden.

Die Peergroup präsentiert die Plakate, die im Laufe des Tages entstanden sind: Die Plakate der Kinderführung(en) und die Blüten des Tages (siehe Abbildungen 18 bis 20). Die Blüten des Tages sind die schönsten Eindrücke und Erlebnisse der Peergroup, die sie im Peer-Review aufgenommen haben. Sie sind ein wertschätzender Einstieg in die Resonanzrunde.

Der Moderator oder die Moderatorin schreibt darüber hinaus mit, was in der Resonanzrunde geäußert wird, damit die Dokumentation im Anschluss die vollständige Rückmeldung der Peergroup enthält.

Abbildung 18: Plakat aus der Kinderführung (Beispiel 1)

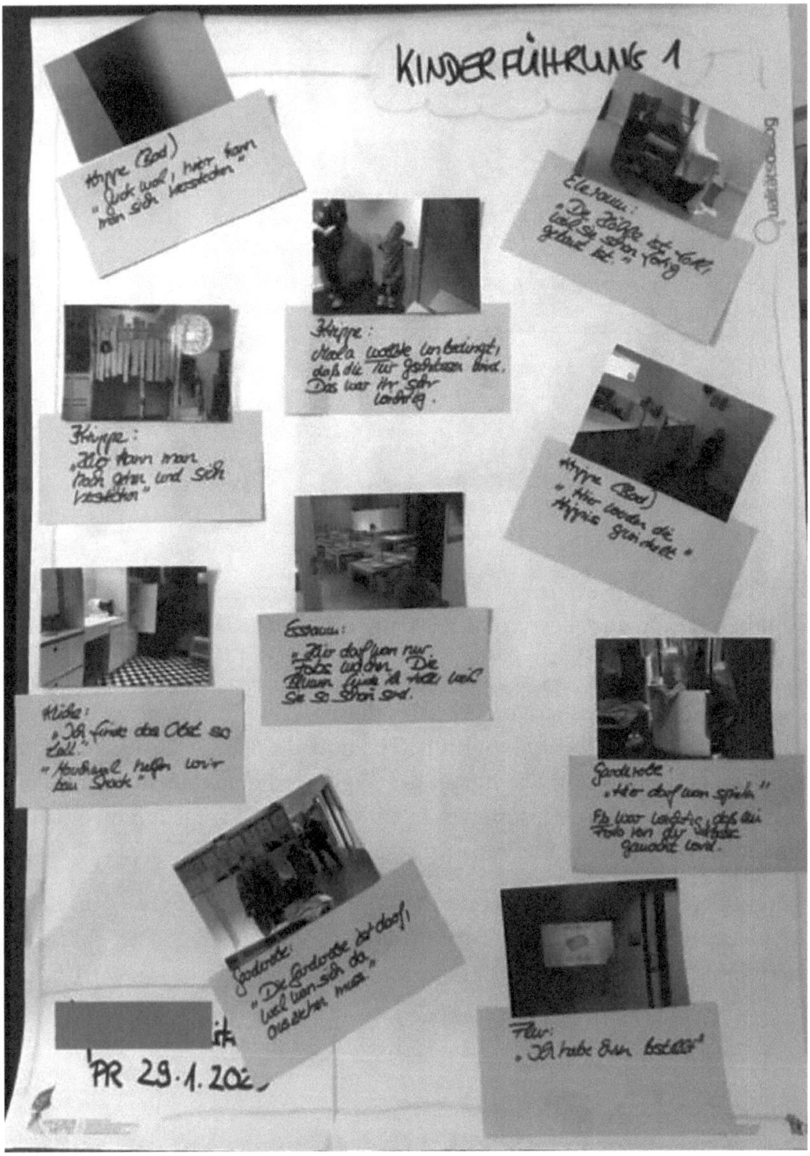

Abbildung 19: Plakat aus der Kinderführung (Beispiel 2)

Abbildung 20: Blüten des Tages

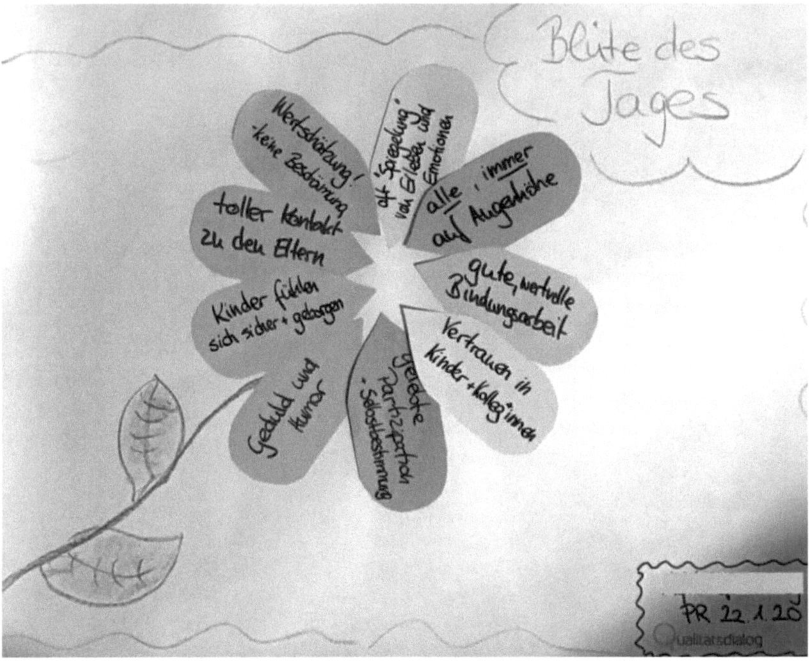

- Welche Erfahrungen haben wir schon mit Austausch?
- Was gilt es zu bedenken, wenn eine Peergroup unsere Kita besucht? (zum Beispiel sensible Bereiche, Kinder in der Eingewöhnung)
- Welche Erwartungen hat das Team im Hinblick auf den Tag des Peer-Review? Wie werden alle gut informiert?

4.2.3 Auswertungsworkshop

Der Auswertungsworkshop ist das dritte Element des Verfahrens. In ihm werden die Ergebnisse aus den Elementen der Erkundungsphase – interne Bilanz und Peer Review – zusammengefasst und in die Umsetzung überführt.

Ziele des Auswertungsworkshops

Mit dem Auswertungsworkshop werden drei Ziele erreicht:

1. Das Team hat reflektiert, welche Erkenntnisse sie aus interner Bilanz und Peer-Review gewonnen haben.
2. Das Team hat konkrete Entwicklungsfelder identifiziert und gemeinsam priorisiert.
3. Das Team hat Verabredungen getroffen, welche Maßnahmen oder Veränderungen im jeweiligen Entwicklungsfeld ergriffen werden sollen.

Ablauf des Auswertungsworkshops

Zum Auswertungsworkshop kommt wieder das gesamte pädagogische Team der Einrichtung zusammen; er wird durch die Prozessbegleitung moderiert, die auch schon die interne Bilanz und den Peer-Review begleitet hat. Aus praktischen Gründen findet der Auswertungsworkshop oft in der Kita statt. Wir haben die Erfahrung gemacht, dass das Team sich besonders gut fokussieren kann, wenn der Tag in einem externen Seminarraum verbracht werden kann. Idealerweise stehen für den Auswertungsworkshop sechs Stunden zur Verfügung. Wenn es für die Kita nicht möglich ist, einen Schließtag einzurichten und bereits die interne Bilanz an einem Schließtag durchgeführt wurde, so kann der Auswertungsworkshop gestrafft werden. In der kurzen Variante sind mindestens drei Stunden einzuplanen. In Tabelle 15 wird der Zeitablauf in der ganztägigen Variante dargestellt.

Tabelle 15: Ablaufplan Auswertungsworkshop

Zeit	Tagesordnungspunkt
9:00	Begrüßung und Einführung
9:15	• Sichten der Erkenntnisse aus der internen Bilanz und dem Peer-Review • Finden der Entwicklungsfelder
10:30	DREAM: Das positive Zukunftsbild zu den Entwicklungsfeldern
11:30	DESIGN: Der Weg zum Ziel wird entwickelt
12:30	Mittagspause
13:30	DESIGN: Vorstellung der Ergebnisse, Ergänzung und Konsensbildung
14:30	UMSETZUNG vorbereiten: Verabredungen und Terminplanung
15:00	Abschlussrunde & Feedback

Zu Beginn des Workshops erkundet das Team, welche Erkenntnisse es aus interner Bilanz und Peer-Review gewonnen hat. Es ist hilfreich, wenn die Dokumentation aus diesen beiden ersten Elementen selbsterklärend, die Plakate entweder vorhanden oder die Fotos davon lesbar und alle Materialien auffindbar sind. Aus dem „Übereinanderlegen" der internen und externen Wahrnehmung schreiben die Teilnehmenden auf Karten, welche Felder ihnen bedeutsam erscheine. Diese Nennungen werden verdichtet und priorisiert, sodass am Ende zwei bis drei konkrete Entwicklungsfelder identifiziert sind.

Das Team erarbeitet für jedes dieser Entwicklungsfelder ein Bild von der Zukunft, wie sie sein wird (vgl. *Dream* in Abschnitt 3.3). Ein Beispiel eines positiven Zukunftsbildes ist in Abbildung 22 zu sehen.

Abbildung 21: Das positive Zukunftsbild: das wünscht sich das Team für die Atmosphäre in der Einrichtung

Auf *Dream* folgt *Design*. Für jedes Entwicklungsfeld entwickelt das Team einen konkreten Umsetzungsplan, wie der Weg hin zu dem selbst geschaffenen Bild von der Zukunft gestaltet wird. Der Umsetzungsplan kann sich auf veränderte Verhaltensweisen im Alltag oder auf zeitlich abgegrenzte Vorhaben beziehen (siehe Abbildung 23). Das Team stellt sich dabei zum Beispiel folgende Fragen:

- Was können wir alle konkret und sofort tun?
- Wozu wird ein Konzept/Leitsätze/Plan entwickelt?

Die Moderatorin oder der Moderator lässt dem Team bei den Inhalten zu ihrem Entwicklungsfeld alle Freiheiten, das Team (das die Leitung einschließt) entscheidet, welche Erkenntnisse es aus interner Bilanz und Peer-Review gezogen hat – die Moderation hat aber die Funktion sicherzustellen, dass der Plan auch anwendbar ist, dass also Verantwortlichkeiten benannt, Vorhaben und deren Ziele messbar oder zumindest sichtbar sind.

Abbildung 22: Die Kita hat einen Raum als Entwicklungsfeld ausgemacht und plant die konkreten Veränderungen

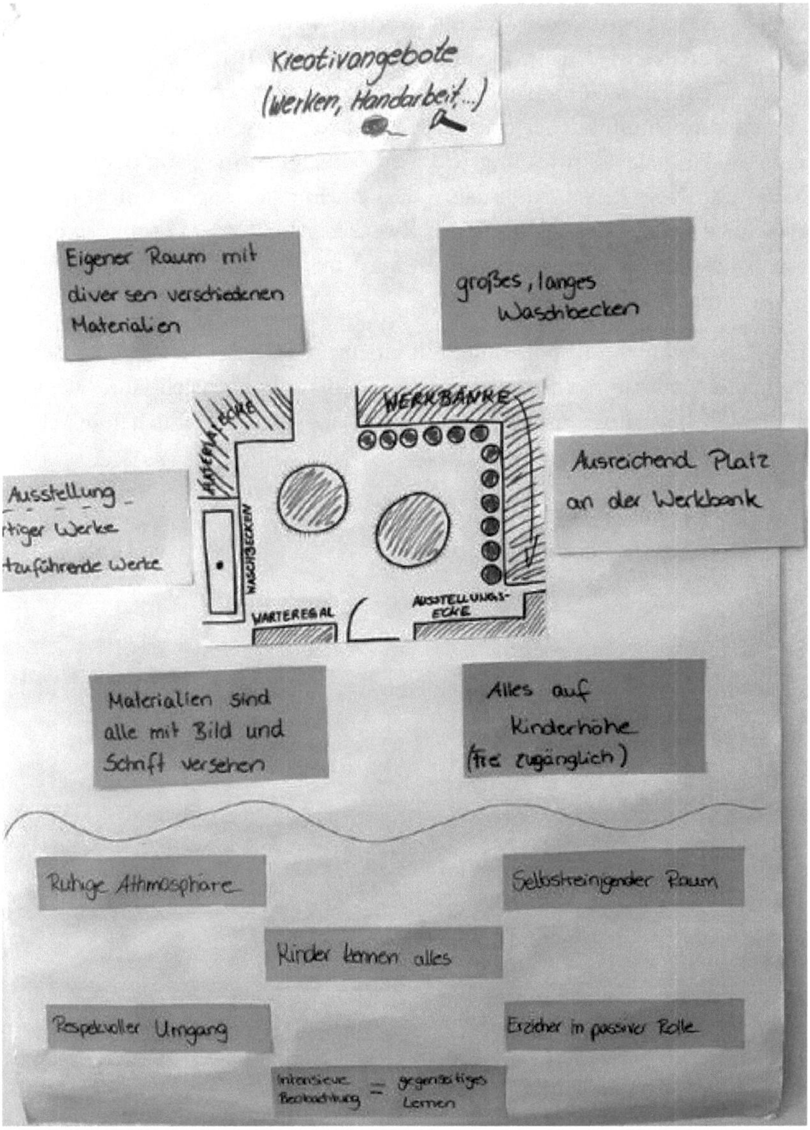

Für erfolgreiche Qualitätsentwicklung ist die Phase entscheidend, die nach der Auswertung kommt: die Umsetzung. Der Grundstein für eine erfolgreiche Umsetzung wird im Auswertungsworkshop gelegt. Was dort nicht geklärt und verabredet wird, läuft Gefahr in den folgenden Monaten verloren zu gehen. Dem Umsetzungsplan und seiner genauen Beschreibung in der Dokumentation kommt daher eine besondere Bedeutung im Auswertungsworkshop zu. Für jedes Entwicklungsfeld wird schließlich eine Patin oder ein Pate bestimmt. Diese Person sorgt dafür, dass ein Entwicklungsfeld nicht in Vergessenheit gerät. Sie wird zu diesem Zweck regelmäßig *Erfolgsrunden* ansetzen. Die Methode der Erfolgsrunden wird im nächsten Abschnitt über die Umsetzungsphase vorgestellt.

Der Auswertungsworkshop endet mit einem Rückblick und der Verabschiedung des Moderators oder der Moderatorin bis zum nächsten Jahr – die nun folgende Umsetzungsphase wird die Kita in den nächsten Monaten in Selbstverantwortung gestalten.

- Wie weit muss ich den Schließtag für die Auswertung im Voraus planen?
- Wer ist zu informieren?
- Wie kann der Rahmen für den Tag so gestaltet sein, dass das Team produktiv und ohne Störungen zusammenarbeiten kann?

4.2.4 Umsetzung und Erfolgsrunden

Dieses ist das vierte und das womöglich entscheidende der vier Elemente im Wertschätzenden Qualitätsdialog. In den verbleibenden Monaten des Kitajahres erfolgt die Umsetzung der verabredeten Maßnahmen im Alltag und in Eigenregie des Teams. Die Leitung und jedes Teammitglied tragen die Verantwortung! Manche Maßnahmen wurden im Auswertungsworkshop fix verabredet mit Ziel/Ergebnis/Termin und „Wiedervorlage“ in einer Dienstbesprechung geplant. Jedes Entwicklungsfeld hat einen Paten/eine Patin, die das Thema durch eine Erfolgsrunde in Erinnerung ruft. Die Erfolgsrunden haben die Funktion, die Umsetzung der Entwicklungsfelder zu begleiten und sicherzustellen, dass die Entwicklung systematisch umgesetzt, reflektiert und dokumentiert wird. Unsere Erfahrung hat gezeigt, dass manche Kitas für sich schon gute Methoden etabliert haben, Themen zu bearbeiten und umzusetzen. Sie können die Erfolgsrunden durch ihre funktionierenden Wege ersetzen. Denn auch hier gilt: Der Wertschätzende Qualitätsdialog setzt auf vorhandenen Ressourcen und Stärken auf. Was schon da ist und gut funktioniert, soll gestärkt und systematisiert werden. Wer sich in diesem Element für eine eigene Methode entscheidet, sollte beachten, dass die Methode a) die systematische Reflexion der Entwicklungsfelder anregt, b) zu einer Dokumentation führt, die eine niederschwellige Verschriftlichung der Ergebnisse ermöglicht, und c) zum wertschätzenden Charakter des Verfahrens passt, und das Team dazu motiviert, sich weiter mit dem Entwicklungsfeld zu beschäftigen.

In diesem Abschnitt wird das Verfahren beschrieben, wie es abläuft, wenn die Erfolgsrunden eingesetzt werden. Um die kontinuierliche Entwicklung systematisch zu verankern, führt das Team in den Dienstberatungen regelmäßig Erfolgsrunden durch.

Ziele der Erfolgsrunden

1. Das Team hat reflektiert wo und wann es ihnen gelungen ist, die gewünschten Veränderungen umzusetzen.
2. Das Team hat verstanden, wodurch diese Entwicklung gelungen ist.
3. Das Team hat die eigenen Verabredungen zu den Entwicklungsfeldern – sofern erforderlich – erneuert und den Erkenntnissen angepasst.

Ablauf der Erfolgsrunden

Die Umsetzungs- und Ergebnissicherung erfolgt in den Erfolgsrunden auf den Dienstbesprechungen, in denen jedes Mal eines der zwei oder drei Entwicklungsfelder auf der Tagesordnung stehen und eine kurze (!) Blitzlichtrunde zu den erreichten Wirkungen der Verabredungen und Maßnahmen durchgeführt werden. Jedes Teammitglied äußert sich bitte! Eine Dokumentation erfolgt im Protokoll der Sitzungen. Die in Tabelle 16 abgebildete Dokumentationsvorlage zeigt die Fragen, mit deren Hilfe die Erfolge im Entwicklungsfeld reflektiert werden können. Zu diesem Zeitpunkt hat das Team schon viel mit dem positiven Ansatz des Wertschätzenden Qualitätsdialog gearbeitet und es fällt allen Beteiligten leicht, sich auf die wertschätzenden und nach vorne gerichteten Formulierungen einzulassen. Jede Erfolgsrunde wird dokumentiert. Wenn ein Team kreative andere Formen als die vorhandene Vorlage für die Dokumentation findet, darf es gern seine eigenen Formen einsetzen.

Tabelle 16: Anleitung und Dokumentation für Erfolgsrunden

Erfolgsrunden
Entwicklungsfeld: ___________ Pate/-in: ___________ Erfolgsrunde Nr.: ___________ Datum: ___________
Kurze Zusammenfassung des Entwicklungsfeldes: [TEXTFELD]
Wo und wann war es in den letzten Wochen schon so, wie wir es in unserem „Dream“ für dieses Entwicklungsfeld beschrieben haben? Beschreibe die Situation(en) möglichst konkret: wer hat was getan oder unterlassen? Wer war noch beteiligt? Was hat es zu einer kleinen Sternstunde gemacht? [TEXTFELD]
Auf unserem „Design“-Poster haben wir uns Gedanken gemacht, wie wir unseren „Dream“ erreichen können. Wie haben die dort formulierten Verabredungen dazu beigetragen, unsere oben beschriebenen Sternstunden zu erreichen? [TEXTFELD]
Nach unseren ersten Erfahrungen mit der Umsetzung in diesem Entwicklungsfeld: Welche Verabredungen haben besonders viel zum „Dream“ beigetragen? Welche neuen Maßnahmen haben wir entdeckt, die uns helfen? [TEXTFELDER 1–3]

Reflexion der Umsetzung in der Kita in der letzten Dienstbesprechung des Jahres

Wie häufig die Erfolgsrunden durchgeführt werden, liegt in der Verantwortung der Kita und hängt von der Komplexität des Entwicklungsfeldes ab. Der Abschluss in der letzten Dienstbesprechung des Kitajahres ist obligatorisch. In der letzten Erfolgsrunde des Kitajahres werden alle Entwicklungsfelder betrachtet. Es erfolgt ein Rückblick auf die Verabredungen, die im Auswertungsworkshop getroffen wurden, und auf die erzielten Ergebnisse, die in den Erfolgsrunden dokumentiert wurden (siehe Tabelle 17).

Tabelle 17: Anleitung und Dokumentation für Erfolgsrunden

Dokumentation letzte Erfolgsrunde des Jahres mit Leitfragen zur Prozessreflexion Datum: ___________ • Welches waren unsere Entwicklungsfelder? Was haben wir uns darin jeweils vorgenommen? • Was haben wir getan? • Wo stehen wir jetzt? • Was ist jetzt anders als vorher? • Wie haben wir das geschafft? • Wie zufrieden sind wir mit uns? • Sind wir fertig? • Was müssen wir noch fertigstellen? • Wie kann das Ergebnis gesichert werden

Neben der inhaltlichen Auswertung der Umsetzungsphase ist es wichtig, dass die letzte Dienstbesprechung auch genutzt wird, die Erfolge zu feiern. Der Wertschätzende Qualitätsdialog hat die Kita in diesem Jahr bei seiner Entwicklung hin zu einer lernenden Organisation begleitet. Eine lernende Organisation lebt nicht nur dadurch, dass sie fehlerfreundlich und offen für Feedback ist, sie entwickelt sich vor allem durch motivierte und neugierige Menschen. Dazu gehört es auch, regelmäßig festzustellen, wie weit wir bereits gekommen sind und stolz darauf zu sein, dass alle ihr Bestes gegeben haben. Das gebührende Feiern der zurückliegenden Entwicklung ist ein hervorragendes Fundament für die Entwicklungsschritte im neuen Kitajahr.

- Was sind unsere Erfahrungen mit unserer eigenen Zuverlässigkeit, wenn wir uns bisher neue Dinge oder Veränderungen vorgenommen haben?
- Wie wollen wir die Umsetzungsphase organisieren?
- Wie können wir die Erfolgsrunden im Rahmen der Dienstbesprechungen einplanen?

4.3 Beteiligung der Eltern

Eltern und Familie sind der primäre Bezugspunkt für Kinder. Sie haben einen auch verfassungsrechtlich abgesicherten Erziehungsvorrang gegenüber den öffentlichen Angeboten. Mit dem Kitaeinstieg bekommen die Kinder einen zweiten erweiterten Lebens- und Erfahrungsraum, in dem sie sich ebenso sicher und geborgen fühlen können wie zu Hause, der ein verlässlicher Ort ist, an dem sie und ihre Bedürfnisse ernst genommen werden. Für die optimale Förderung und Begleitung der Entwicklung der Kinder ist eine gute Bildungs- und Erziehungspartnerschaft zwischen Eltern und Fachkräften unerlässlich, umso mehr je jünger die Kinder sind. Das Vertrauen der Eltern in die Kita und die pädagogische Arbeit beeinflusst das Wohlbefinden stark. Gute Kenntnis über den Kitaalltag, die Möglichkeit, die Räume und Fachkräfte auch ohne Kinder bei interessanten und angenehmen Elternabenden zu erleben, unterstützen den Aufbau einer tragfähigen Kommunikationskultur, in der die Eltern sich mit ihren Fragen und Bedürfnissen ernst genommen fühlen. Im Rahmen einer Befragung wurde die Wichtigkeit möglicher Inhalte der Zusammenarbeit von Eltern und Kitas erhoben (siehe Abbildung 23). Im Vordergrund steht bei Eltern wie Fachkräften der Austausch über die Entwicklung des Kindes und der Austausch zu Erziehungsfragen. Ebenso wichtig ist es allen Akteurinnen und Akteuren, dass Eltern allgemein über die Arbeitsweise und das pädagogische Konzept der Einrichtung informiert sind. Weniger wichtig, aber immer noch von Interesse sind Informationen über tägliche Abläufe und die Gruppe. Interessant ist, dass die Kita weniger als Ort der Begegnung mit anderen Eltern (Kennenlernen) gesehen wird. Unter dem Aspekt der Partizipation wird zwar angestrebt, dass die Wünsche der Eltern zu pädagogischen Zielen, Inhalten und Methoden aufgegriffen werden, jedoch ist es den Eltern kaum wichtig, dass ihre Meinung bei Grundentscheidungen berücksichtigt wird.

Abbildung 23: Zusammenarbeit von Eltern und Kita

WICHTIGSTE INHALTE DER ZUSAMMENARBEIT MIT ELTERN BZW. MIT DER KINDERTAGESEINRICHTUNG (NORDRHEIN-WESTFALEN)

Die Fragen wurden auf einer Skala von 1 = „nicht so wichtig", 2 = „wichtig", 3 = „sehr wichtig" beantwortet.

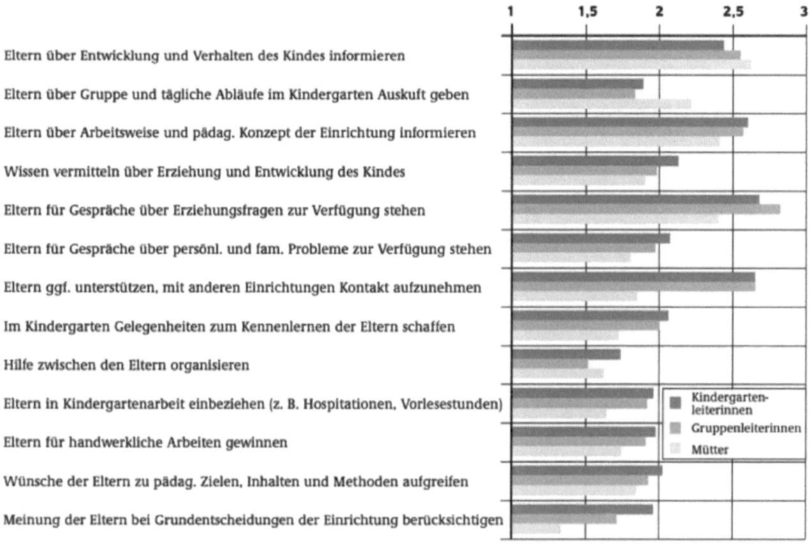

(Bundesministerium für Familie, Senioren, Frauen und Jugend 2003, S. 12)

Aus diesen Befunden kann man zunächst auf ein gutes Grundvertrauen der Eltern in die Kitas schließen. Gleichzeitig könnte man auch schließen, dass im Bereich der Motivation zu aktiver Mitwirkung noch „Luft nach oben" ist, was möglicherweise auch in den allgegenwärtigen Erfahrungen mit traditionellen Elternabenden und -gesprächen erklärt werden könnte.

Nach den Empfehlungen des BMFSJ (2003) soll die aktive Mitarbeit von Eltern, insbesondere der Väter, erweitert werden. Die Tageseinrichtungen böten sich auch dafür an, Angebote der Elternbildung zu integrieren, mit denen viele Familien besser erreicht würden. Besonders der Beitrag zur Chancengerechtigkeit durch gute Beziehungen zu Migrantenfamilien ist nicht zu unterschätzen.

- Wie informieren und sprechen wir mit Eltern?
- Wie sind Eltern in Entwicklungs- und Entscheidungsprozesse einbezogen?
- Wie erhalten wir bisher Rückmeldungen und Feedback von den Eltern?

Mit dem Wertschätzenden Qualitätsdialog eine Einladung auch an die Eltern aussprechen!

Der Wertschätzende Qualitätsdialog bietet verschiedene Ansatzpunkte, auch die Elternperspektive und ihre Aktivität mit einzubinden. Wir zeigen an dieser Stelle zwei Möglichkeiten auf.

Die *schriftliche Elternbefragung* kann deutlich mehr, als ihr in der Anwendung oftmals zugetraut wird. Recht verbreitet sind inzwischen schriftliche Elternbefragungen, die in der Regel auf einem skalierten Fragebogen die allgemeine Zufriedenheit mit der Ausstattung und den Angeboten der Kita erheben. Dies kann ein guter Einstig sein, konkretere Informationen zu den Gründen für positives oder negatives Feedback erhält man jedoch nicht. Zudem sind die Elternaussagen oft recht wechselhaft und können von einem einzelnen Erlebnis oder Bericht des Kindes beeinflusst sein. Mit dem positiven Ansatz der Organisationsentwicklung, den wir im Rahmen der wertschätzenden Interviews kennengelernt haben, lassen sich ganz neue Fragestellungen finden. Mit offenen, positiven Fragen können wir von den Eltern sinnvolle Entwicklungsimpulse erhalten und erfahren mehr darüber, was ihr Traum von einer Kita ist. Auch wenn die Beantwortung solcher Fragen ein wenig mehr Zeit in Anspruch nimmt: Diese Zeit werden – zwar nicht alle, aber viele – Eltern gern investieren, wenn sie das Gefühl haben, partizipieren zu können und nicht nur dem Anschein nach beteiligt zu sein.

Gleichzeitig sind Befragungen ein guter Weg, von möglichst vielen Eltern Aussagen zu bekommen. Durch den Einsatz digital verfügbarer Tools, die neben einer Onlineerhebung auch direkt eine grafisch aufbereitete Auswertung der Daten bieten, können ohne viel Aufwand auch offene Fragen mit der Möglichkeit der freien Texteingabe mit aufgenommen werden. So erhalten Sie mehr konkrete Informationen, worum es den Eltern genau geht. Neue Tools, die eine attraktive Oberfläche haben und deren Bedienung Spaß macht, motivieren zur Teilnahme. Um sicherzugehen, dass niemand ausgeschlossen wird, sollten in der Kita Geräte zur Verfügung stehen, mit denen die Umfrage direkt vor Ort ausgefüllt werden kann.

Ein *Eltern-Dialogabend mit wertschätzenden Interviews* stellt eine noch intensivere Beteiligung der Eltern dar. Bei einem Elternabend werden unter den Eltern wertschätzende Interviews geführt. Die Fragen für Eltern unterscheiden sich inhaltlich von denen, die wir in der internen Bilanz kennengelernt haben, aber sie verfolgen den gleichen Ansatz, in dem es darum geht, zu verstehen, an welchen Stellen die Eltern besonders positive Kita-Erfahrungen gemacht haben (oder von ihren Kindern gehört haben), und zu analysieren, welche Faktoren zu diesen Sternstunden beigetragen haben. Nach der gegenseitigen Vorstellung erfolgt ein moderierter Austausch zu ähnlichen, aber auch unterschiedlichen Sichtweisen. Gemeinsam wird stärkenorientiert das gelingende Fundament herausgearbeitet werden, was im Kitaalltag oft nicht mehr gesehen wird. Diese Phase hat vertrauensbildende Wirkung und gibt eine sichere Struktur für einen offenen Dialog mit Eltern. Es kann im nächsten Schritt gemeinsam über die Zukunft der Kita gesprochen werden: Wie wären die Dinge, wenn alles ideal wäre, die Traum-Kita bereits Realität wäre? Abschließend wird miteinander besprochen, was jede und jeder Einzelne konkret beitragen wird, und es wird geplant, was Schritt für Schritt unternommen werden kann. Es gibt keinen Grund, Angst vor Kommunikation, Offenheit und Begegnung zu haben, wenn ein solcher Dialog-Elternabend gut vorbereitet und begleitet wird.

5. Szenarien zur Einführung und Anwendung des Wertschätzenden Qualitätsdialogs

Worum es in diesem Kapitel geht

- *Wie kann ich den Wertschätzenden Qualitätsdialog in einer Kommune oder einem Verband einführen?*
- *Wie kann ich den Wertschätzenden Qualitätsdialog in meiner Kita einführen?*
- *Wie kann ich mit dem Wertschätzenden Qualitätsdialog ein „Qualitäts-Netzwerk" initiieren?*
- *Wo finde ich Beratung und externe Moderation?*

Dieses Kapitel wendet sich an alle, die den Wertschätzenden Qualitätsdialog ausprobieren möchten. Egal ob bereits ein Netzwerk, das sich zur gemeinsamen Qualitätsentwicklung zusammengeschlossen hat, existiert oder eine einzelne Kita, ein Träger, eine Kommune sich auf den Weg macht: In diesem Kapitel finden sich reichlich Anregungen und Tipps, wie im Kleinen und im Großen begonnen werden kann.

5.1 Qualitätsentwicklung in einem Netzwerk von mehreren Kitas

Der Wertschätzende Qualitätsdialog entfaltet seine vollen Möglichkeiten in der gemeinsamen Anwendung in einem übergreifenden Netzwerk. Für Träger und Verbände bietet der Wertschätzende Qualitätsdialog eine wirksame Möglichkeit, um mit den Leitungen und letztlich auch mit allen Teams über die pädagogische Qualität ins Gespräch zu kommen und im Sinne der eigenen Leitideen, Impulse zu setzen. Die gegebene Struktur und der auf Kontinuität angelegte Prozess unterstützen das gemeinsame Lernen der Fachkräfte miteinander im Sinne einer professionellen Lerngemeinschaft. Es wächst das kollegiale Vertrauen und die professionelle Kooperation. Im Laufe der Zeit entsteht eine starke Verbundenheit über die eigene Kita hinaus. In zentralen Handlungsfeldern und bei der fokussierten Lösungssuche werden alle vorhandenen Kompetenzen der Agierenden eingebracht und für das System nutzbar.

Die Basis für ein Kitanetzwerk kann verschieden sein:

- Mehrere/alle Kitas eines freien oder kommunalen Trägers
- Mehrere/alle Kitas eines Kirchenkreises
- Mehrere/alle Kitas eines Dachverbandes mit unterschiedlichen Trägern
- Kitas mit einem besonderen Profil (Musik, Wald, Bewegung, Sprache o. Ä.) einer Stadt oder eines Kreises
- Kitas unterschiedlicher Träger und Profile in einem Sozialraum
- Überregionale Bündnisse

5.1.1 Das Netzwerk als professionelle Lerngemeinschaft (Peer-to-Peer)

Den professionellen Hintergrund der Fachkräfte nutzen: Ein gelungenes Peer-Review lebt auch von einer diversen Peergroup. Wenn beispielsweise eine reine Krippeneinrichtung im Review ist, versuchen wir eine Mischung aus Krippenfachkräften und Elementarpädagoginnen bzw. -pädagogen zusammenzustellen. Durch diese professionelle Diversität bringen die Peers sowohl den Fachblick für die unter 3-Jährigen mit als auch frische Perspektiven aus einem anderen Bereich. Blinde Flecken werden auf diese Weise minimiert.

Inklusiv sein: In manchen Netzwerken finden sich einige bilinguale Einrichtungen, in denen Native Speaker arbeiten, deren Arbeitssprache beispielsweise ausschließlich Englisch ist und die im Deutschen nicht konversationssicher sind. Im Sinne der Inklusion ist es gut, wenn die bilingualen Fachkräfte beim Austausch nicht außen vor bleiben müssen, sondern Kitas gefunden werden, in denen sie entweder auch eine bilinguale Situation vorfinden oder Fachkräfte, die einer gemischtsprachlichen Resonanzrunde am Abend des Peer-Review offen gegenüber sind (Hinweis: alle Materialien des Wertschätzenden Qualitätsdialogs sind in englischer Sprache erhältlich; weitere Sprachen sind in Arbeit).

Eine professionelle Lerngemeinschaft etablieren: Die Beteiligten der verschiedenen Einrichtungen werden mit der Zeit zu einer professionellen Lerngemeinschaft (PLG), die nach den Anlaufjahren ihr volles Potenzial entfalten wird. Eine Gemeinschaft unterscheidet sich von einer „zufälligen" Gruppe durch gemeinsame Interessen, Ziele und Werte und eine Haltung der Kooperation und solidarischen Unterstützung auch in herausfordernden Situationen. Professionalität bedeutet eine qualifizierte Ausbildung, Orientierung an hohen beruflichen Standards sowie das Interesse an kontinuierlicher Weiterqualifikation. Beides wird in einem Wertschätzenden-Qualitätsdialog-Netzwerk genutzt. Davon ausgehend, dass individuelle Lernprozesse und erst recht gemeinsame Veränderungsprojekte immer auch mit Ausprobieren,

Frustrationen, Fehlversuchen, Minikrisen und deren Bewältigung verbunden sind, bietet die professionelle Lerngemeinschaft der Gruppe einen stärkenden Rahmen, der auf Stabilität, Solidarität, Bestärkung und Kontinuität angelegt ist. Gerade durch das Peer-Verfahren begegnen sich die Fachkräfte auf den übergreifenden Austauschtreffen und Workshops. Es entsteht Vertrautheit und die große Chance, vom Fachwissen und vom Einblick in die anderen Kitas zu profitieren.

Das Matching der Peers zu der jeweiligen Kita für ihr Peer-Review ist eines der organisatorischen Meisterstücke im Wertschätzenden Qualitätsdialog. Viele Faktoren spielen bei der Frage hinein, welche Peers zu welcher Kita passen. Zuallererst gilt: Austausch lebt von Verschiedenheit.

Idealerweise werden also Kitas und Peers gematcht, die sich bislang nicht kennen, nicht zum gleichen Träger gehören, nicht zur gleichen Kommune. Die Auswahl an Kitas ist sicherlich von der Region abhängig, im ländlichen Raum gibt es vielleicht seltener die Situation, dass Kitas, die füreinander erreichbar sind, bislang noch keinen Kontakt zueinander hatten, und auch die Trägervielfalt dürfte eingeschränkter sein. Dennoch ist auch hier Diversität im Netzwerk die Maxime. Toll ist es, wenn sich kirchliche, staatliche und, so vorhanden, private Träger miteinander mischen. Der räumliche Faktor ist natürlich auch entscheidend, denn der Fahrweg zur fremden Einrichtung muss für die Fachkräfte zu bewältigen sein. Wir haben uns in unserer Aufteilung, wer wohin fährt, an der Methode des schwedischen „Willkommensministeriums“ orientiert: Dies war eine Initiative, die Menschen, die neu nach Schweden gekommen waren und in den ärmeren Stadtteilen in Stockholm lebten, mit Einheimischen in Kontakt bringen wollte, indem sie sich gegenseitig zum Abendessen einluden. Diese Menschen wohnten nicht in unmittelbarer Nachbarschaft, sollten sich aber gut erreichen können. Deshalb wurde die Zuteilung am U-Bahn-Netz von Stockholm ausgerichtet. Wer entlang der gleichen U-Bahn-Linie wohnte, wurde miteinander gematcht. Daran anlehnend beachten auch wir bei der Zusammenstellung eines Netzwerks im Wertschätzenden Qualitätsdialog, dass besuchte Kita und Ursprungskita der Fachkraft im öffentlichen Nahverkehr an den gleichen Linien liegen. Diese Methode hat natürlich ihre Grenzen, denn wir wissen nicht, ob der Wohnort der Fachkraft und ihre Kita im gleichen Viertel liegen. So werden sich im Laufe der Zeit immer Nachfragen und Sonderwünsche von Peers ergeben, die eine Kita besuchen möchten, die von ihrem Wohnort aus gut zu erreichen ist – auch hier gilt: Das System wird nicht von Anfang an perfekt sein: Zuhören, versuchen auf Bedürfnisse einzugehen und um Verständnis werben, wenn das einmal noch nicht gelingt.

- Mit welchen anderen Kitas sind wir bereits vernetzt?
- Welches Netzwerk könnten wir nutzen, um eine professionelle Lerngemeinschaft zu bilden?

5.1.2 In einem Netzwerk den Wertschätzenden Qualitätsdialog starten und etablieren

Im Folgenden wird ein beispielhafter Weg der Einführung des Wertschätzenden Qualitätsdialogs in einem Netzwerk beschrieben. Die Entscheidung, sich als Netzwerk auf den Weg zu machen, wird meist von einigen wenigen Personen getroffen. In der Aufbauphase geht es also zunächst um Information, Kommunikation und am Ende auch um die innere Zustimmung zum Verfahren („Commitment") aller Beteiligten. Eine gemeinsam erklärte Absicht, sich auf diesen auf Dauer angelegten, partizipativen Qualitätsentwicklungsprozess einzulassen, wäre wünschenswert. Diese könnte auch gemeinsam entwickelt, schriftlich niedergelegt und symbolisch unterzeichnet werden.

Erste Informationsveranstaltung für die Leitungen der Kitas

Im Rahmen einer Informationsveranstaltung lernen die Leitungen und weitere Trägervertreterinnen und -vertreter das Verfahren kennen und haben die Gelegenheit, erste eigene Erfahrungen mit dem wertschätzenden Interview zu machen. Es wird der Entwurf eines Projektplans vorgestellt, die Ziele und die Verfahrensschritte erläutert. Rückfragen und Anmerkungen werden bearbeitet. Es ist elementar, dass die Leitungen hinter dem Verfahren stehen, bevor die Idee dem gesamten Kitateam vorgestellt wird.

Vorstellung und Beratung mit dem Team durch die Leitungen

Die Leitungen berichten dem Team vom Wertschätzenden Qualitätsdialog und den mit der Einführung verbundenen Zielen für die Einzelkita und das Netzwerk. Sinnvoll ist eine Visualisierung des geplanten Prozesses der Einführung mit Zeitangaben und den einzelnen Verfahrensschritten. Das Team könnte anschließend folgende Punkte diskutieren:

1. Welche Fragen habe ich zum Verfahren?
2. Welche positiven Effekte hätte das Verfahren für uns?
3. Welche Voraussetzungen für die Teilnahme wären wünschenswert?

Die Antworten und Rückmeldungen bringen die Leitungen in den weiteren Planungsprozess ein.

Eine Roadmap für den Gesamtprozess über vier Jahre erstellen – langfristige Terminplanung

In einem Planungskreis mit Trägervertretenden und (einigen) Leitungen wird beraten, wann am sinnvollsten begonnen wird und wie der Prozess gut mit der langfristigen Terminplanung der Kitas in Einklang zu bringen wäre.

Insgesamt geht es um vier Jahresdurchläufe der Verfahrensschritte zu jeweils einem Aspekt, beginnend mit dem Aspekt *Haltung*.

Peerworkshop zum Aufbau der Peergroup und Qualifizierung für die Beobachtungstage

Nachdem die Leitungen Peers benannt haben, findet ein übergreifender Kick-off-Workshop für die Peers statt. Sie werden in das Verfahren des Peer-Reviews eingeführt und erhalten Inputs zur Beobachtung, Kinderführung und einem entwicklungsförderlichen Feedback in der Resonanzrunde. Diese übergreifenden Peer-Workshops werden idealerweise jährlich wiederholt, sodass die gemachten Erfahrungen gemeinsam reflektiert werden und aufgetretene „Pannen" als Lerngelegenheiten genutzt werden können. Zudem können hier immer wieder neue Impulse und Übungen eingebracht werden und nicht zuletzt kann den Fachkräften für ihr Engagement Dank ausgesprochen werden. Hier entsteht eine besondere Qualität der Lerngemeinschaft und für die Fachkräfte ein neuer Raum des Austauschs und der praxisbegleitenden Qualifizierung, die nach unserer Erfahrung sehr geschätzt wird.

Einstieg in jeder Kita mit der ersten erweiterten internen Bilanz zum Aspekt Haltung

In diesem „Auftaktworkshop" mit dem Gesamtteam der Kita wird auch das Gesamtkonzept und die dem Wertschätzenden Qualitätsdialog zugrunde liegende Intention vermittelt, sodass auch alle Fachkräfte gut „an Bord" sind und verstehen, dass es hier um einen partizipativen Prozess mit viel Selbstverantwortung gehen wird. Für diese umfangreichere erste Veranstaltung ist ein Schließtag vorgesehen, bei allen weiteren internen Bilanzen mit einem Umfang von maximal vier Stunden wäre auch eine Organisation an einem regulären Öffnungstag (evtl. verkürzt mit Ende spätestens um 18:30 Uhr) möglich.

In Abschnitt 4.2 sind die Verfahrensschritte interne Bilanz, Peer-Review, Auswertungsworkshop und Umsetzung mit Erfolgsrunden beschrieben. Weitere Praxismaterialien und Unterstützung bei der Umsetzung finden Sie unter www.Qualitätsdialog.de.

Chance für verspätet einsteigende Kitas

Es kommt in der Praxi durchaus vor, dass einzelne Kitas aus unterschiedlichen Gründen später einsteigen möchten. Grundsätzlich ist dies möglich. Sie würden mit dem dann aktuellen Jahresthema beginnen. Da jedoch die geklärte *Haltung*, als erster Aspekt des Verfahrens, von so grundlegender Bedeutung ist, empfehlen wir, im Halbjahr vor dem tatsächlichen Qualitätsdialogjahr einen gesonderten Basisworkshop in der Kita durchzuführen. Das ist im Rahmen eines Schließtages vorgesehen zur Einführung in den Wertschätzenden Qualitätsdialog und zur Durchführung einer internen Bilanz zum Dialog über das Thema *Haltung* sowie zur abschließenden Abstimmung der weiteren Terminplanung.

Großes Finale: gemeinsames Forum für alle Fachkräfte und die interessierte Öffentlichkeit

Zum Abschluss nach vier durchgeführten Jahreskreisen ist es Zeit für Ernte und Würdigung der gemeinsamen Arbeit. Es ist ausreichend Inhalt und Material vorhanden, sodass sich ein gemeinsames Forum an geeignetem Ort leicht gestalten und durchführen lässt (vielleicht im Rathaus, in einer Schule zur Ferienzeit, in der Hochschule, einem Gemeindezentrum o. Ä.). Dies wäre auch ein guter Moment, die Qualitätsinitiative für die Öffentlichkeitsarbeit zu nutzen.

Der fachlichen Kreativität sind bei der Gestaltung des eigenen Prozesses wenig Grenzen gesetzt, solange die Leitideen des Wertschätzenden Qualitätsdialogs gewahrt bleiben. Wir würden uns freuen, von Ihren Erfahrungen zu hören!

Die Qualitätsentwicklung der Kitas soll ...

1. dialogisch und entwicklungsorientiert,
2. partizipativ und wertschätzend,
3. individuell anpassbar und
4. anspruchsvoll sein!

5.1.3 Qualitätssicherung durch externe „Verfahrenshüterinnen“ und „-hüter“

Der Wertschätzende Qualitätsdialog hat viel mit Vertrauen und persönlicher Öffnung zu tun, weil über individuelle Erfahrungen und Entwicklungspotenziale gesprochen wird. Um diesen vertrauensvollen Austausch zu schützen, ist es gut, wenn der Prozess von Verfahrenshütern oder -hüterinnen begleitet wird. Dies sollten Moderatorinnen und Moderatoren sein, die im Verfahren geschult und mit den entsprechenden Materialien ausgestattet wurden.[8]

8 Übrigens: Moderatorinnen und Moderatoren, die nicht von den Urheberinnen des Verfahrens geschult sind, dürfen den Wertschätzenden Qualitätsdialog nicht auf eigene Rechnung anbieten und die Unterlagen nicht verwenden.

Mit diesem Buch möchten wir Fachkräften in Kitas sowie Qualitätsverantwortlichen und Leitungen etwas an die Hand geben, womit sie den Wertschätzenden Qualitätsdialog starten und das Verfahren für sich erproben können. Wir empfehlen aber dringend, damit das Verfahren den Beteiligten von Anfang an Spaß macht und auch produktive Ergebnisse erzielt werden, sich an uns zu wenden und die passende Begleitung für ihr Verfahren zu suchen (siehe www.Qualitätsdialog.de). Wir haben festgestellt, dass die externe Moderation eine besondere Energie und Öffnung auslöst und dass die Prozesse mehr Bedeutung erhalten, als wenn eine bekannte Leitung oder verantwortliche Person des Trägers die Qualitätsentwicklung moderiert. Trägervertreter bzw. -vertreterinnen oder Fachberatungen halten wir in diesem Zusammenhang ebenfalls nicht für geeignet, da sie im Verfahren Kenntnis über interne Details bekämen und Interessenskonflikte mit einer möglichen Weisungsbefugnis aufkommen könnten. Aus Sicht des Teams dürfte die offene Gesprächskultur in Selbstverantwortung dadurch eingeschränkt sein.

5.2 Qualitätsentwicklung in einer einzelnen Kita

Auf den vorigen Seiten haben wir darüber gesprochen, dass Lernen viel mit Austausch zu tun hat und dass das Peer-Review das Kernstück des Wertschätzenden Qualitätsdialogs ist. Das Peer-Review funktioniert jedoch nur, wenn einrichtungsübergreifende Besuche organisiert werden können. Und dennoch ist ein Anfang immer möglich, sei es als Netzwerk (siehe Abschnitt 5.1.1) oder – wie im folgenden Abschnitt dargestellt – als einzelne Kita!

5.2.1 Den Wertschätzenden Qualitätsdialog in einer einzelnen Kita starten und etablieren

Wenn sich eine einzelne Kita auf den Weg machen möchte, dann können die Elemente aus dem Wertschätzenden Qualitätsdialog herausgelöst werden, die auch ohne Netzwerk umsetzbar sind: Die interne Bilanz lässt sich unabhängig von den anderen Elementen des Wertschätzenden Qualitätsdialogs als Start in eine neuartige, partizipative Qualitätsentwicklung einsetzen. Fachkräfte werden begeistert sein von der wertschätzenden und sich leicht anfühlenden Art, Qualität zu reflektieren und zu entwickeln. Auch der Auswertungsworkshop mit der Entwicklung positiver Zukunftsbilder und konkreter Veränderungen bietet eine sinnvolle Struktur für einen Teamtag. Die Umsetzung im Alltag und die Veränderung der pädagogischen Praxis liegen in jedem Fall in der Selbstverantwortung des Teams der Einzelkita. Auch Ihnen als interessierter Leitung einer einzelnen Kita möchten wir darum im Folgenden gerne einige Anregungen mit auf den Weg geben.

Vorstellung und Beratung mit dem Team

Um zu beginnen, könnten Sie dem Team vom Wertschätzenden Qualitätsdialog und Ihren Gedanken dazu berichten. Sinnvoll ist eine Visualisierung eines beispielhaften Prozesses der Einführung mit Zeitangaben und den einzelnen Verfahrensschritten. Das Team könnte anschließend folgende Punkte diskutieren:

1. Welche Fragen habe ich zum Verfahren?
2. Welche positiven Effekte hätte das Verfahren für uns?
3. Welche Voraussetzungen für die Teilnahme wären wünschenswert?

Abschließend würde gemeinsam beschlossen, ob und auf welche Weise man weiter vorgehen möchte.

Andere Wege für den externen Blick suchen: Eltern, Kinder und Kooperationspartner bzw. -partnerinnen einbinden

Fehlen der externe Blick und Anregungen durch die Peers, ist die Einbindung der Kinder- und Elternperspektive umso wichtiger (siehe Abschnitt 4.3). Vielleicht wählen Sie für eine *Elternversammlung* einige Fragen aus dem Interview aus und laden die Eltern ein, sich im Tandem dazu auszutauschen. In Kleingruppen könnten die Eltern ihre positiven Zukunftsbilder skizzieren und dem Team dabei vermitteln, was ihnen an der pädagogischen Arbeit besonders am Herzen liegt. Die Fachkräfte haben die Chance, aufmerksam zuzuhören und die Anliegen zu verstehen, gleichzeitig aber auch ihre Sicht der Dinge zu erläutern.

Um mehr von den Bedürfnissen und der *Sichtweise der Kinder* zu erfahren, könnte in der Kita ein zweiwöchiges Erkundungsprojekt gestartet werden. Die Fachkräfte wählen eine aus ihrer Sicht geeignete Methode aus (siehe Abschnitt 4.2 und auch Methodenschatz II, Bertelsmann Stiftung 2020) und nutzen diese für die Erkundung mit den Kindern. Die oft kreativ und mit Fotos unterlegten Dokumentationen könnten vom Team beim Auswertungsworkshop gemeinsam interpretiert werden.

Zusätzlich könnten auch gezielt Vertreterinnen und Vertreter kooperierender Institutionen (Grundschule, Familienzentrum, Therapeutinnen und Therapeuten, Kirchengemeinde, Träger, u. a.) angesprochen und um ein Feedback gebeten werden.

Wie könnte der Wertschätzende-Qualitätsdialog-Prozess in unserer Kita aussehen? Raum für unsere Skizze!

5.2.2 Ideen für ein eigenes Netzwerk zum Wertschätzenden Qualitätsdialog

Wie in Abschnitt 5.1 beschrieben, entfaltet der Wertschätzende Qualitätsdialog seine volle Wirkung erst, wenn die externen Peers ins Spiel kommen, sodass miteinander und voneinander gelernt werden kann. Zum Abschluss des Buches geben wir Ihnen deshalb noch einige Anregungen, wie Sie selbst initiativ werden und ein Netzwerk etablieren können.

Den Stein ins Wasser werfen …

Wenn das Team den Wertschätzenden Qualitätsdialog kennen und schätzen gelernt hat, gibt es umso mehr Menschen, die ihre Fühler ausstrecken und weitere Personen motivieren können. Einige Kolleginnen oder Kollegen haben sicherlich Kontakte zu anderen Kitas im Ort. Der erste Schritt, um ein eigenes Netzwerk aufzubauen, eine professionelle Lerngemeinschaft zu begründen und mit dieser ein Peer-Review zu organisieren, ist damit schon getan.

Benachbarte Kitas einladen

Sie könnten auch Kontakte zu den Leitungen benachbarter Kitas nutzen, um ihnen vom Wertschätzenden Qualitätsdialog zu berichten. Vielleicht ist das Thema der pädagogischen Qualitätsentwicklung auch ein Anlass, um die anderen Leitungen erstmals zu einem fachlichen Austausch bei Tee und Kaffee einzuladen und sich kennenzulernen. Gemeinsam kann dann der für Ihre Bedingungen maßgeschneiderte Plan für den Aufbau eines Netzwerks entwickelt werden (siehe Abschnitt 5.1). Dieses Netzwerk würde die Kooperation im Sozialraum fördern und hätte den Charme, dass unterschiedliche freie, staatliche und auch konfessionelle Träger ihre Perspektiven austauschen könnten. Gemeinsam würde das bestmögliche Angebot für alle Kinder und Familien der Nachbarschaft entwickelt.[9]

9 Sollten Sie dabei für die Gestaltung guter Übergänge auch die Grundschulen einbinden wollen, wäre dies die nächste Entwicklungsaufgabe für die Urheberinnen des Wertschätzenden Qualitätsdialogs, der wir uns dann gerne stellen.

Überregional Kontakte mit Gleichgesinnten knüpfen

Möglicherweise haben Sie vor Ort keine Möglichkeiten, Verbündete zu finden oder sind einfach mehr an überregionalen Kontakten interessiert. Auf dem Portal www.Qualitätsdialog.de befindet sich ein Matching-Angebot, in das Sie sich mit Ihren konkreten Vorstellungen eintragen oder auf vorhandene Angebote reagieren können. Vielleicht haben Sie auch Kontakte aus einem vergangenen überregionalen Projekt, die reaktiviert werden können, oder Sie sind Mitglied eines Verbands, in dem Sie Interessierte ansprechen können.

Folgende Ideen habe ich für die Anbahnung eines neuen Netzwerks:

Literatur

Argyris, Chris (1975): Das Individuum und die Organisation: Einige Probleme gegenseitiger Anpassung. In: Türk, Klaus (Hrsg.): *Organisationstheorie*. Hamburg: Hoffmann und Campe, S. 215–233.

Argyris, Chris/Schön, Donald (1996): Organizational learning II: Theory, method, and practice. Massachusetts: Addison-Wesley.

Amrein, Bärbel/Amrein, Kurt (2011): Qualitätsmanagement in Arbeitsfeldern der Frühen Bildung. Köln: Bildungsverlag EINS.

Backhaus, A./Bügelmann, Hans/Harder, Wolfgang/Seydel, Otto (2017): Schulen lernen von Schulen – Vorschläge zur Planung und organisatorischen Ausgestaltung von Peer-Reviews durch kritische Freunde. 3. Auflage. Universität Siegen.

Bauer, Joachim (2006): Prinzip Menschlichkeit. Warum wir von Natur aus kooperieren. 9. Auflage. München: Heyne.

Bertelsmann Stiftung (Hrsg.) (2020): Achtung Kinderperspektiven! Mit Kindern KiTa-Qualität entwickeln – Methodenschatz II: Erhebung, Auswertung und Dokumentation. Gütersloh: Verlag Bertelsmann Stiftung.

Bonsen zur, Matthias (2006): Appreciative Inquiry – der positive Weg zur Veränderung. In: Wielens, Hans/Kohtes, Paul (Hrsg.): Raus aus der Führungskrise. Bielefeld: Kamphausen, S. 132–143.

Bonsen zur, Matthias/Maleh, Carol (2001): Appreciative Inquiry (AI) – Der Weg zu Spitzenleistungen. Weinheim und Basel: Beltz.

Breidenstein, Georg/Stefan Hirschauer/Herbert Kalthoff/Boris Nieswand (2013): Ethnografie: Die Praxis der Feldforschung. Stuttgart: UTB.

Buber, Martin (1997): Das dialogische Prinzip. Gerlingen: Bleicher.

Bundesministerium für Familie, Senioren, Frauen und Jugend (2003): Perspektiven zur Weiterentwicklung des Systems der Tageseinrichtungen für Kinder in Deutschland. Berlin: DruckVogt GmbH.

Cohn, Ruth/Klein, Irene (Hrsg.) (1993): Großgruppen gestalten mit Themenzentrierter Interaktion. Ein Weg zur lebendigen Balance zwischen Einzelnen, Aufgaben und Gruppe. Mainz: Grünewald.

Cohn, Ruth (1993): Es geht ums Anteilnehmen. Freiburg: Herder.

Cohn, Ruth/Farau, Alfred (1993): Gelebte Geschichte der Psychotherapie: Zwei Perspektiven. 2. Auflage. Stuttgart: Klett-Cotta.

Cohn, Ruth/Terfurth, Christina (Hrsg.) (2007): Lebendiges Lehren und Lernen: TZI macht Schule. 5. Auflage. Stuttgart: Klett-Cotta.

Cohn, Ruth (2018): Zur Grundlage des themenzentrierten interaktionellen Systems. Axiome, Postulate, Hilfsregeln. In: Cohn, Ruth: Von der Psychoanalyse zur themenzentrierten Interaktion. Von der Behandlung einzelner zu einer Pädagogik für alle. 19. Auflage. Stuttgart: Klett-Cotta, S. 120–128.

Cohn, Ruth (2018): Von der Psychoanalyse zur themenzentrierten Interaktion: Von der Behandlung einzelner zu einer Pädagogik für alle. 19. Auflage. Stuttgart: Klett-Cotta.

Cooperrider (2010): Managing-as-designing in an era of massive innovation: a call for design-inspired corporate citizenship. In: Journal of Corporate Citizenship 3, S. 24–33.

Cooperrider, David/Whitney, Diana/Stavros, Jaqueline (2008): Appreciative Inquiry Handbook: For Leaders of Change. Ohio: Berret-Kohler Publishers.

Diskowski, Detlef (2015): 20 Jahre Qualitätsdebatte in der Kindheitspädagogik – Anmerkungen zu Erfolgen und Defiziten. In: Kalicki, Bernhard/Wolff-Marting, Kathrin (Hrsg.): Qualität in aller Munde – Themen, Positionen, Perspektiven in der kindheitspädagogischen Debatte. Freiburg: Herder, S. 23–30.

Drucker, Peter F. (2014): The Effective Executive. Effektivität und Handlungsfähigkeit in der Führungsrolle gewinnen. 12. Auflage. München: Vahlen.

French, Wendell/Bell, Cecil (1973): Organization Development, Behavioral science interventions for organization improvement. New Jersey: Prentice-Hall.

Fröhlich-Gildoff, Klaus/Nentwig-Gesemann, Iris/Pietsch, Stefanie (2011): Kompetenzorientierung in der Qualifizierung frühpädagogischer Fachkräfte. Eine Expertise der Weiterbildungsinitiative Frühpädagogische Fachkräfte (WiFF). München: DJI.

Fthenakis, Wassilios (1998): Erziehungsqualität: Operationalisierung, empirische Überprüfung und Messung eines Konstrukts. In Fthenakis, Wassilios/Textor, Martin (Hrsg.): Qualität von Kinderbetreuung. Konzepte, Forschungsergebnisse. Internationaler Vergleich. Weinheim: Beltz, S. 52–74.

Fthenakis, Wassilios (2003): Die Forderung nach pädagogischer Qualität. In: Bundesministerium für Familie, Senioren, Frauen und Jugend (Hrsg.): Auf den Anfang kommt es an! Perspektiven zur Weiterentwicklung des Systems der Tageseinrichtungen für Kinder in Deutschland. Weinheim und Basel: Beltz, S. 72–84.

Horstmann, Maren (2018): Begleitung der Entwicklung eines partizipativen Instruments der Qualitätsentwicklung für Kindertagesstätten. Akzeptanz und Beteiligung bei den pädagogischen Fachkräften. Bachelor-Thesis, Hochschule für Angewandte Wissenschaften Hamburg, Fakultät Wirtschaft und Soziales Department Soziale Arbeit.

Krause, Hans-Ullrich/Rätz, Regina (Hrsg.) (2009): Soziale Arbeit im Dialog gestalten. Theoretische Grundlagen und methodische Zugänge einer dialogischen Sozialen Arbeit. Opladen: Verlag Barbara Budrich.

König, Joachim (2009): Wie Organisationen durch Beteiligung und Selbstorganisation lernen. Einführung in die Partizipative Qualitätsentwicklung. Opladen: Verlag Barbara Budrich.

Kronberger Kreis für Qualitätsentwicklung in Kindertagesstätten (1998): Qualität im Dialog entwickeln. Wie Kindertageseinrichtungen besser werden. Seelze: Kallmeyersche.

Kultusministerkonferenz: Gemeinsamer Rahmen der Länder für die frühe Bildung in Kindertageseinrichtungen (Beschluss vom 03./04.06.2004).

Löhmer, Cornelia (1994): Am Anfang war der Globe. Die Themenzentrierte Interaktion unter besonderer Berücksichtigung ihrer politischen Dimension. In: Standhardt, Rüdiger/Löhmer, Cornelia (Hrsg.): Zur Tat befreien. Gesellschaftspolitische Perspektiven der TZI-Gruppenarbeit. Mainz: Grünewald, S. 17–29. Online: www.forumachtsamkeit.de/pdf/ZurTatBefreien.pdf (Abfrage: 15.11.2020).

Löhmer, Cornelia/Standhardt, Rüdiger (Hrsg.) (2018): TZI – Die Kunst, sich selbst und eine Gruppe zu leiten. Einführung in die Themenzentrierte Interaktion. 2. Auflage. Stuttgart: Klett-Cotta.

Nentwig-Gesemann, Iris/Walther, Bastian/Thedinga, Minste (2017): Kita-Qualität aus Kindersicht – Die QuaKi-Studie. Eine Studie des DESI-Instituts im Auftrag der Deutschen Kinder- und Jugendstiftung. Berlin: Deutsche Kinder- und Jugendstiftung www.dkjs.de/fileadmin/Redaktion/Dokumente/programme/171026_Quaki_Abschlussbericht_WEB.pdf (Abfrage: 14.11.2020).

Maleh, Carole (2001): Appreciative Inquiry. Bestehende Potenziale freilegen und für die Organisation nutzbar machen. In: Zeitschrift für Organisationsentwicklung, Heft 01/2001, S. 32–41.

Matzdorf, Paul (2007): Das „TZI-Haus". Zur praxisnahen Grundlegung eines pädagogischen Handlungssystems. In: Cohn, Ruth/Terfurth, Christina (Hrsg.) Lebendiges Lehren und Lernen. TZI macht Schule. 5. Auflage. Stuttgart: Klett-Cotta, S. 332–387.

Matzdorf, Paul/Cohn, Ruth (1983): Themenzentrierte Interaktion. In: Corsini, Raymond (Hrsg.): Handbuch der Psychotherapie. Weinheim und Basel: Beltz, S. 1273–1314.

Ockel, Anita/Cohn, Ruth (1981): Das Konzept des Widerstandes in der themenzentrierten Interaktion. Vom psychoanalytischen Konzept des Widerstandes über das TZI-Konzept der Störung zum Ansatz einer Gesellschaftstherapie. In: Petzold, H. (Hrsg.): Widerstand. Ein strittiges Konzept in der Psychotherapie. Paderborn: Junfermann, S. 255–282.

Reese, Maike/Sommerhoff, Benedikt (2018): Basiswissen zum schulinternen Qualitätsmanagement. In: Martin, Christian/Zurwehme, Annikka (Hrsg.): Das große Handbuch Qualitätsmanagement in der Schule. Köln: Wolters Kluwer, S. 3–80.

Ruth Cohn Institut (2010): Broschüre Was ist TZI? www.ruth-cohn-institute.org/files/content/zentraleinhalte/dokumente/TZI-Broschuere/WAS-IST-TZI.pdf (Abfrage: 20.10.2020).

Schlecht, Daena/Förster, Charis/Wellner, Beate (2016): Wie gut ist unsere Kita? Skalen zur Einschätzung der pädagogischen Qualität nach nationalen und internationalen Standards unter Einbeziehung aller Bildungspläne in Deutschland. Handreichung. Freiburg: Herder.

Schneider-Landolf, Mina/Spielmann, Jochen/Zitterbarth, Walter (Hrsg.) (2014): Handbuch Themenzentrierte Interaktion (TZI). 3. Ausgabe. Göttingen: Vandenhoeck & Ruprecht.

Schreyögg, Georg/Kliesch, Martina (2003). Rahmenbedingungen für die Entwicklung organisationaler Kompetenz. Berlin: Arbeitsgemeinschaft Betriebliche Weiterbildungsforschung e.V.

Schwer, Christina/Solzbacher, Claudia (Hrsg.) (2014): Professionelle Pädagogische Haltung. Historische, theoretische und empirische Zugänge zu einem viel strapazierten Begriff. Bad Heilbrunn: Julius Klinkhardt.

Stangl, Werner (2020): Stichwort „*Gottman-Konstante*". Online Lexikon für Psychologie und Pädagogik. lexikon.stangl.eu/16521/gottman-konstante/ (Abfrage: 15.11.2020).

Stavros, Jacqueline/Torres, Cheri/Cooperrider, David (2018): Conversations Worth Having: Using Appreciative Inquiry to Fuel Productive and Meaningful Engagement. San Francisco: Berrett-Koehler Publishers.

Tietze, Wolfgang/Viernickel, Susanne (2007): Pädagogische Qualität in Tageseinrichtungen für Kinder. Ein nationaler Kriterienkatalog. 3. Auflage. Berlin: Cornelsen.

Tietze, Wolfgang (2008): Pädagogische Qualität entwickeln. Praktische Anleitung und Methodenbausteine für die Bildung, Betreuung und Erziehung in Tageseinrichtungen für Kinder von 0–6 Jahren. 2. Auflage. Berlin: Cornelsen.

Viernickel, Susanne/Fuchs-Rechlin, Kirsten/Strehmel, Petra/Preissing, Christa/Bensel, Joachim/Haug-Schnabel, Gabriele (2016): Qualität für alle: Wissenschaftlich begründete Standards für die Kindertagesbetreuung. Freiburg: Herder.

Whitney, Diana/Trosten-Bloom, Amanda (2003): The power of Appreciative Inquiry: a practical guide to positive change. San Francisco: Berrett-Koehler.

Danksagung

Wir danken den Fachkräften aus allen Kitas, die sich mit uns auf das Abenteuer eingelassen haben, einen neuen Ansatz für die Qualitätsentwicklung zu entdecken. Wir danken allen für das Vertrauen, die ersten Elemente des Wertschätzenden Qualitätsdialogs in der Pilotphase 2017/18 zu erproben, und für die Rückmeldungen, mit denen sie das Verfahren zu dem gemacht haben, was es heute ist.

Unser Dank gilt den Mitgliedern des Elternbeirats, die in der Pilotphase die Perspektive der Eltern auf Kitaqualität eingebracht haben, sowie den Mitgliedern des Fachbeirats: Prof. Eva Arnold (Universität Hamburg), Dr. Johannes Blindow (Anna-Warburg-Schule), Prof. Thorsten Bührmann (Medical School Hamburg), Dr. Franziska Carl (Universität Hamburg), Susanne Ellerbrock (Sozialbehörde Hamburg), Valeska Pannier (Deutsche Kinder- und Jugendstiftung) und Bastian Walther (Institut für Demokratische Entwicklung und Soziale Integration), die die kontinuierliche Weiterentwicklung des Konzepts begleiten. Wir danken Prof. Dr. Iris Nentwig-Gesemann und dem Team vom Institut für Demokratische Entwicklung und Soziale Integration dafür, dass sie die Methoden für Qualität aus Kindersicht entwickelt und zugänglich gemacht haben, insbesondere Bastian Walther für die Methodenschulung unserer Peergroups. Ganz besonders möchten wir den engagierten Kolleginnen und Kollegen bei Kindermitte e.V. danken, namentlich Jessica Rother für das Lesen und Kommentieren einiger Kapitel des Manuskripts. Wir danken Mjuka für die Erstellung der Grafiken zum Qualitätsdialog.